JN065945

インターネット権利侵害者の調査マニュアル

SNS投稿者から海賊版サイト管理者の特定まで

八雲法律事務所【編】

山岡裕明・杉本賢太・千葉哲也【著】

中央経済社

はじめに

　インターネット上の権利侵害事案の特徴の1つとして匿名性があります。この匿名性のため，インターネット法務の文脈においては，権利侵害は明白であるのに権利侵害者がわからないという事態が生じます。名誉権を侵害する投稿が口コミサイト上になされた，著作権を侵害する海賊版サイトが公開されている，脅迫的言辞を含む電子メールが届いた，どれも権利侵害が明白といえます。それにもかかわらず，その権利侵害者が明らかではないために権利救済が著しく困難，という忸怩たる状況に陥ります。

　仮に，権利侵害者を特定できれば，さらなる被害の拡大を抑止でき，かつ，過去の損害分の賠償請求も可能となります。

　本書は，この権利侵害者を特定するためのノウハウ，換言すれば，権利侵害者に関する情報の調査方法を紹介するものです。

　この調査方法においては，まず，どこにどういう情報があるかを調査し，次にそこからどうやって情報を入手するかを検討する，という2段階の手順が有用です。

　例えば，Google Maps上に名誉権を侵害する投稿がなされたケースでは，Googleが投稿者に関する情報をアカウント情報として保有しているはずであり，そのアカウント情報には氏名・住所・電話番号・IPアドレスなどが含まれるのではないかと推測し，自分でアカウントを作ってその推測が正しいかを確認するのが最初のステップです。次のステップとして，確認できた情報をどのようにGoogleから入手するかを検討します。Webフォームから依頼してみるか，弁護士法23条の2に基づく照会をしてみるか，特定電気通信役務提供者の損害賠償責任の制限及び発信者情報の開示に関する法律（以下「プロバイダ責任制限法」といいます）に基づく発信者情報開示請求をしてみるか，さらに別の方法はないか，というように様々な手段の可否および実効性を検討します。

　あらゆる権利侵害の類型においても，基本的にはこの手順を利用します。そ

のため，本書で紹介する各手法は，極力この順番で記載しています。

　そして，各手順について，法的調査手法および技術的調査手法を活用します。法的調査手法と比べて「技術的」というと一見ハードルが高そうですが，要はインターネット上の有償・無償のサービスを利用することを意味します。ですので，一度理解して覚えておくだけで，格段に調査手法の幅が広がります。

　この法的調査手法と技術的調査手法とを交えることで，権利侵害者を特定すべく，インターネット上に散らばる権利侵害者に関する情報を1つひとつ集めていきます。

　本書では，当事務所が実際の案件を通じてトライアンドエラーを繰り返しながらも集積したノウハウを公開します。

　これらのノウハウが，インターネット法務にかかわる実務家の方々の一助となれば幸いです。

2020年6月

八雲法律事務所

山岡裕明

目　次

はじめに

第1章　基礎編

第2章　実践編

第3章　書式集

補　章　用語集

📝コラム目次

第1章 基礎編

(第1) 技術的アプローチ

1 IPアドレス

(1) 概 説

　インターネット法務の調査において，最も重要であり，最も活用頻度が高い
ものがIPアドレスである。

　IPアドレス（Internet Protocol Address）とは，パソコン，スマートフォン，
タブレットなどを利用してネットワーク通信を行う場合にアクセスプロバイダ
から割り当てられる数字とピリオド「.」から成る文字列であり，「126.225.144.68」
のように表記される[1]。

　IPアドレスは，そのInternet Protocol Addressという正式名称から直感的に
わかるとおり，インターネット上の自らの住所（アドレス）の機能を果たすも
のであるが，イメージとして理解しやすいのは，住所というより電話番号であ
る。電話を利用する際に通信会社から電話番号を割り当てられるのと同じで，
インターネットを利用する際にアクセスプロバイダからIPアドレスを割り当て
られる。

　ただし，電話の場合は自身の電話番号を意識するが，インターネットの場合
は特に自身のIPアドレスを意識することはない。

　意識はしないものの，電話のやりとりにおいて受信者の着信履歴に送信者の
電話番号が履歴として残るのと同様に，インターネットを経由してアクセスし
た先のサーバには，アクセスした者のIPアドレスが履歴として記録されること
になる。例えば，Yahoo!のニュースサイトを閲覧した場合は自身のIPアドレス

1　IPv4の方式の場合。より多くのIPアドレスを用意できるIPv6が普及しつつあるが，実務
　上，IPv4の方式によるIPアドレスを確認することのほうが現時点では多いため，本書では
　IPv4の方式を前提とする。

がYahoo!のサーバに記録されるし，Twitterにツイートを投稿した場合は自身のIPアドレスがTwitterのサーバに記録されるのである[2]。

あるWebサービスが権利侵害行為に利用された場合，そのWebサービスのサーバにIPアドレスが記録として残るため，まずはそのIPアドレスを取得することが調査の第一歩目となる。

IPアドレスを取得できた場合（IPアドレスの取得方法については，第2.2（弁護士法第23条の2に基づく照会）および第2.4（発信者情報開示請求）を参照されたい），次に，当該IPアドレスを管理するアクセスプロバイダを調査する。なぜなら，このアクセスプロバイダは，当該IPアドレスを利用した者との間で通信に関する契約を締結しているので，氏名，住所といった契約者情報を保有しているからである。どういった情報が契約者情報として保有されているかは，自身がスマートフォンを契約する際に申込書に記載した経験を思い出してみれば想像できるはずである。

最後に，判明したアクセスプロバイダに対して，契約者情報を開示させる手段を検討することになる。具体的には，プロバイダ責任制限法第4条第1項に基づく発信者情報開示請求を行うことになる（この発信者情報開示請求の手続については後述第2.4を参照されたい）。なお，このIPアドレスの契約者情報を求める流れは，電話番号が判明した場合に，当該電話番号を管理する電気通信会社に対して契約者情報の開示を求めるプロセスと同様のイメージである（電話番号が判明した場合の調査手法については，第2.2を参照されたい）。

なお，IPアドレスには動的IPアドレスと静的IPアドレスの2種類があり，前者はプロバイダから割り当てられるIPアドレスが一定時間ごとに変更されるもの，後者は電話番号のように一度割り当てられた後は変更されないものである。

一般的には動的IPアドレスが利用されることが多く，インターネット上の権利侵害者を追跡するにあたって，複数の異なるIPアドレスを検出した場合で

---

[2] 実際にどのIPアドレスを記録，開示するかは各社のデータ管理の方針により，例えば，Twitterはツイート時のIPアドレスではなくログイン時のIPアドレスしか開示しない運用となっている。

あっても，アクセスプロバイダから開示を受けた結果，同一の契約者情報が判明することもある。

⑵　IPアドレスの確認方法

権利侵害者のIPアドレスの調査方法は後述するとして，まずは，自身のIPアドレスの調査方法を紹介する。上述のとおり自身のIPアドレスについては，日ごろ意識しないものであるが，確認する方法はいくつかある。

例えば，「確認くん」（https://www.ugtop.com/spill.shtml）というサイトを閲覧すると，図１のような表示となる。

図１　「確認くん」

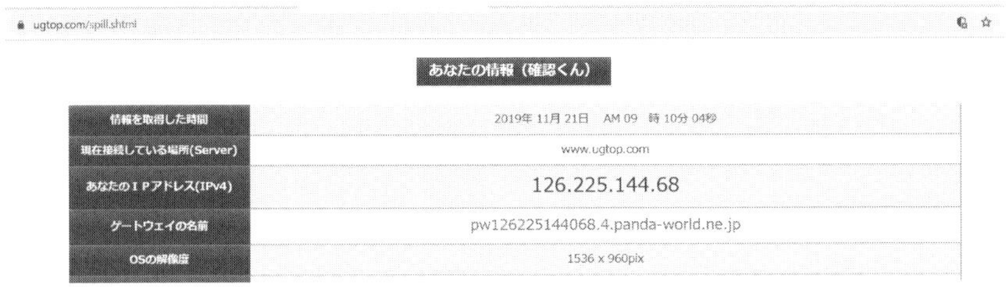

ugtop.com/spill.shtml

あなたの情報（確認くん）

情報を取得した時間	2019年 11月 21日　AM 09　時 10分 04秒
現在接続している場所(Server)	www.ugtop.com
あなたのＩＰアドレス(IPv4)	126.225.144.68
ゲートウェイの名前	pw126225144068.4.panda-world.ne.jp
OSの解像度	1536 x 960pix

図１のうち「情報を取得した時間」欄の「2019年11月21日AM09時10分04秒」がこのサイトにアクセスした時間，「あなたのIPアドレス（IPv4）」欄の「126.225.144.68」が同時刻に同サイトを閲覧した際に利用されているIPアドレス，すなわち自身のIPアドレスである。

前述の例でいうと，Yahoo!のニュースサイトを閲覧した場合，またはTwitterにツイートを投稿した場合に，それぞれYahoo!またはTwitterのサーバに，これとほぼ同じ情報が記録されることとなる。

⑶　IPアドレスの管理者の調査方法

インターネット上の権利侵害に関連したIPアドレスが判明した場合，そのIP

アドレスの管理者を調査することとなる。

　この「IPアドレスの管理者」は大きく分けて2つ存在する。1つは，スマートフォンやパソコンといった端末に付与されたIPアドレスの場合，そのIPアドレスを付与したアクセスプロバイダが「IPアドレスの管理者」である。例えば，スマートフォンであれば，NTTドコモ，KDDI，ソフトバンクなどである。

　もう1つは，サーバに付与されたIPアドレスの場合，当該サーバを管理する者が「IPアドレスの管理者」である。例えば，あるWebサイトがレンタルサーバに蔵置されている場合は，そのレンタルサーバを提供しているホスティング会社が「IPアドレスの管理者」である。

　アクセスプロバイダにせよ，ホスティング会社にせよ，IPアドレスの管理者は，IPアドレスを利用する者との間で利用契約を締結しているはずであり，当該利用契約に伴ってIPアドレスを利用する者の契約者情報を保有しているはずである。

　そこで，この契約者情報を入手するために，まずもって「IPアドレスの管理者」を調査することとなる。

　多くの無料サービスが提供されているが，ここでは2つのサービスを紹介する。なお，基本的な機能は同じである。

　1つは，「MYIP.MS」（https://myip.ms/）というサービスで，検索窓に調査対象のIPアドレスを入力して検索すると，「IP Owner」の欄に，当該IPアドレスの管理者が表示される。

　例えば，上記の「確認くん」で判明した，自身が付与されたIPアドレス「126.225.144.68」で検索すると，図2 のように「IP Owner」欄に「Softbank Corp」と表示される。つまり，IPアドレス「126.225.144.68」の管理者はソフトバンク株式会社であり，同IPアドレスは同社から付与されたものであることがわかる。

　もう1つは，「aguse」（https://www.aguse.jp/）というサービスである。試しに，当事務所のWebサイトのIPアドレスである「133.130.64.96」の管理者，すなわち，同サイトが蔵置されたレンタルサーバのホスティング会社を調査する。

6

【図2】 「MYIP.MS」

　【図3】のとおり，検索窓に上記のIPアドレス「133.130.64.96」を入力すると，「正引きIPアドレス 133.130.64.96 の管理者情報」と題する右欄の「組織名」に「GMO Internet, Inc.」と表示される。このことから，同サイトはGMOインターネット株式会社が提供するレンタルサーバに蔵置されており，換言すれば，IPアドレス「133.130.64.96」が付与されているレンタルサーバのホスティング会社はGMOインターネット株式会社であることがわかる。

【図3】 「aguse」

Torとは

Tor（The Onion Router）とは，接続経路を匿名化するソフトウェアである。端的に言えば，自らのIPアドレスを隠す（匿名化する）機能を持つ。

例えば，自分が付与されたIPアドレスが，上記の「確認くん」で調べた結果，「126.225.144.68」であったとする。

この状態で，仮にTwitterにツイートを投稿すると，Twitterのサーバには，自分のIPアドレス「126.225.144.68」が記録されることになる。

仮に，職場や公衆Wi-Fiなどの別の通信回線に切り替えれば，その通信回線のIPアドレスに切り替わるので，Twitterにツイートを投稿しても，Twitterのサーバには，自分のIPアドレス「126.225.144.68」ではなく，切り替えた後のIPアドレスが表示されることになる。通信回線を切り替えたことで，自分のIPアドレスを隠したとも言える。

Torを利用すれば，通信回線を上記のように切り替える必要なく，自分のIPアドレス「126.225.144.68」を隠すことができるのである。

「Tor」はダークWebや犯罪行為の文脈で登場することが少なくないため，その利用自体にリスクを伴うイメージがあるが，Torの利用自体にリスクはなく，その利用は簡単である。

まず，（図4）のTor Project（https://www.torproject.org/）のWebサイトの右上部「Download Tor Browser」をクリックの上，Torブラウザをダウンロードする。

（図4）　「Tor」のダウンロード

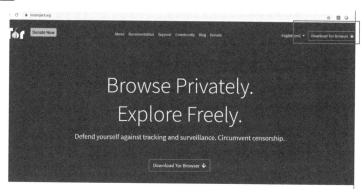

ダウンロードが完了すると，Torブラウザが利用可能となる。「ブラウザ」という言葉からわかるとおり，Torブラウザは，「Google Chrome」や「Internet Explorer」といったブラウザの1つにすぎない。Tor ブラウザを開くと，（図5）

のとおり，他のブラウザと似た検索画面が表示される。

（図5）「Tor」ブラウザ

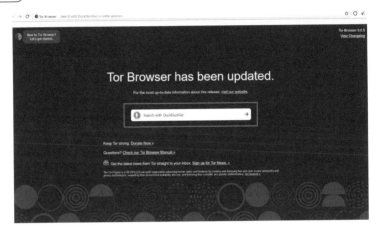

　あとは，この検索機能を利用するだけである。試しに「確認くん」でIPアドレスがどのようになっているかを確認すると，（図6）のとおり「185.220.102.6」となっていることがわかる。

（図6）「Tor」を利用した際の「確認くん」のIPアドレス

　このIPアドレスの管理者を上記で紹介した「MYIP.MS」を利用して調べてみると，（図7）の「IP Owner」欄のとおり，ドイツの「Zwiebelfreunde E.v」になっていることがわかる。

図7　「MYIP.MS」の表示

　したがって，このTorブラウザを利用してTwitterにツイートを投稿した場合には，Twitterのサーバには，アクセスプロバイダから付与されていた「126.225.144.68」ではなく，この「185.220.102.6」が記録されることになる。これが，Torの持つとされる自らのIPアドレスを隠す（匿名化する）機能である。

ダークWebとは

　ダークWebとは，前コラムで紹介したTorなどの特殊なブラウザによってのみ閲覧および利用できるWebサイトをいう。通常のブラウザを利用して，GoogleやYahoo!といった一般的な検索サービスをもって検索したり，対象となるURLをアドレスバーに打ち込んでもアクセスできない点が通常のWebサイトと異なる。

　Torブラウザの特徴として，自らのIPアドレスを隠す（匿名化する）機能を紹介したが，自らのIPアドレスを隠せるため，違法な商品やサービスを売買するために利用されており，個人情報の売買などのマーケットが形成されることもある。図8 は，マーケットにおいて，決済サービスであるPaypalの情報が銀行またはクレジットカード情報とともに35米ドルで販売されている様子である。

図8 　ダークWeb上のマーケット

2　ドメイン

⑴　概　説

　一般的に，インターネットを利用する際に，あるWebサイトのインターネット上の自らの住所（アドレス）として意識するのは，数字から成るIPアドレスではなく，ブラウザで指定されるURLという文字列であろう。このURLで使われている文字列が「ドメイン名」である。例えば，八雲法律事務所のWebサイトの「https://www.ykm-law.jp」というURLのうち，「ykm-law.jp」の部分が「ドメイン名」と呼ばれるものである。

　ドメイン名は，世界中で利用されるインターネット上で重複することがないように，国際的な非営利法人ICANN（Internet Corporation for Assigned Names and Numbers）が一元管理している[3]。

　ドメイン名のうち「.jp」「.com」「.net」といった部分は「トップレベルドメイン」と呼ばれ，ICANNの委託を受けた管理団体（「Registry」または「レジストリ」と呼ばれる）が，各トップレベルドメインの情報の管理を行っている。例えば，「.jp」はJPRS（Japan Registry Services。株式会社日本レジストリサービス）が，「.com」「.net」は米国Verisign, Inc.が管理している。

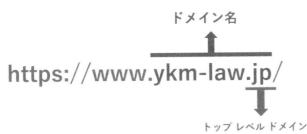

　ドメイン名を取得する際に，登録者（「Registrant」または「レジストラント」と呼ばれる）とレジストリとの間にドメイン取得代行会社が入り，登録者のドメインの登録申請を受け付け，その申請内容の審査，ドメインのデータベース

3　IPアドレスも，ICANNが一元管理している。

への情報登録を行う。

　このドメイン名とIPアドレスは対応関係にあり，この対応関係を機能させるためのシステムとして使われるのがDNS（Domain Name System）である。Webサイトの情報はWebサーバと呼ばれるコンピュータに蔵置されており，このコンピュータをインターネット上で直接的に特定しているのはIPアドレスである。他方で，利用者が特定のWebサイトを識別する際に利用するのはドメイン名である。したがって，どのIPアドレスがどのドメイン名に対応するのかを確認するシステムが必要となり，そのためのデータベースがDNSサーバと呼ばれる。例えば，八雲法律事務所のWebサイトを閲覧する場合，ブラウザに「https://www.ykm-law.jp」を打ち込むと，DNSが「https://www.ykm-law.jp」=「133.130.64.96」と変換して，IPアドレス「133.130.64.96」で特定されるWebサーバにアクセスすることになる。

　このDNSにより，例えば，Webサイトを蔵置しているサーバを変更する場合，当該Webサイトに係るIPアドレスの変更を伴うことになるが，世界中の閲覧者にIPアドレスの変更を逐一通知する必要はなく，DNSサーバ上に登録している旧サーバのIPアドレスを新サーバのIPアドレスに変更するだけで足りるといった利点がある。

⑵　Whois情報

　いわゆるWhois情報とは，「ドメイン名」の登録者に係る氏名，住所，電話番号といった登録情報のことである。ドメイン名を検索することで，当該ドメイン名を登録している個人や法人の情報を知ることが可能である。このドメイン名の登録情報を検索することができる仕組みを一般に「Whois検索」という。

　Whois情報はWebサイトにおいてトラブルが起きた際に，Webサイトの運営者と連絡をとる目的で使用できるように，開示することが定められているため，誰でもWhois検索することが可能である。

　トップレベルドメイン「.jp」のWhois検索は，JPRSのWebサイト（https://whois.jprs.jp/）で可能となっており，同サイトにおいて，　図9　のとおりドメ

イン名「ykm-law.jp」のWhois検索を行うと，検索結果が表示される。

 「JPRS WHOIS」の検索結果画面

なお，図9 の「Contact Information：［公開連絡窓口］」欄に表示されるの
は，本来であれば，登録者の技術的な担当者の連絡先（電子メールアドレス，
住所，電話番号など）である。しかし，プライバシー保護の観点から，個人の

14

情報の代わりに契約しているドメイン取得代行会社の情報が表示される「Whois情報公開代行サービス」が提供されており，ドメイン名「ykm-law.jp」のWhois検索でも，〔図9〕のとおり，ドメイン取得代行業者である「お名前.com」の連絡先情報が表示されるのみとされている。

「.jp」以外のトップレベルドメインのWhois検索ができるサイトとして，「ANSI Whois」（https://ja.asuka.io/whois）が挙げられる。

(3) Reverse Whois検索

上記のとおり，ドメイン名とIPアドレスはDNSを通じて対応関係にあり，この対応関係の調査方法として，正引きと逆引きがある。例えば，ドメイン「ykm-law.jp」のIPアドレスが「126.225.144.68」であることを求めるのが正引きであり，IPアドレス「126.225.144.68」のドメインが「ykm-law.jp」であることを求めるのが逆引きである。

このドメイン名とIPアドレスとの間における逆引きと似ているものとして，いわゆるReverse Whois検索がある。通常のWhois検索が，ドメイン名を入力することで，その登録者情報を取得するのに対して，Reverse Whois検索では，登録者情報を入力することで，その登録者情報と紐付いているドメイン名を取得することができる。

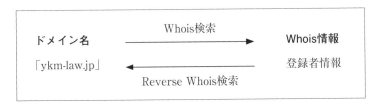

無料で利用できるサービスはいくつかあるものの，以下では，「DomainBigData」（https://domainbigdata.com/）を使って紹介する。

例えば，通常のWhois検索においてドメイン名「ykm-law.jp」を入力すると，登録者名として「Yamaoka Hiroaki」といった情報を取得できるのに対して，Reverse Whois検索では，（図10）のとおり「Yamaoka Hiroaki」を入力すると，（図11）のとおり登録者名を「Yamaoka Hiroaki」で取得されたドメイン名が表示されるのである。

（図10）　「DomainBigData」の検索画面

このReverse Whois検索で重要なのは，登録者情報を検索する場合，検索の対象が登録者の氏名だけに限られないという点である。すなわち，Whois情報

図11 「DomainBigData」の検索結果画面

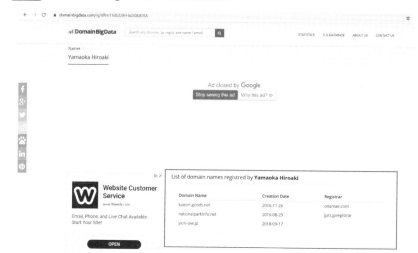

※なお，「ykm-law.jp」以外の2つのドメインは筆者が保有しているものではないことを付言する。

においては，登録者の氏名のほか，住所，電話番号，メールアドレスなども登録されているため，これらの情報からも検索することができる。

　例えば，あるインターネット上の権利侵害行為に関連して，メールアドレスだけが判明している場合，このReverse Whois検索で当該メールアドレスを検索すると，そのメールアドレスで登録されたドメイン名の一覧が判明する。そのドメイン名を1つひとつWhois検索すると，登録者名の欄に実際の氏名が表示されることもあるのである（この調査手法の詳細は，第2章第3.1「海賊版サイト」および第3.3「フィッシングサイト」を参照されたい）。

(4) 「DomainTools」

　上記の「JPRS WHOIS」や「ANSI Whois」などのサービスから取得できるWhois情報は，調査時点の登録情報である。

　他方で，インターネット法務においては，Whois情報に限らず，過去の時点の登録情報が有用となることが多い。

過去の情報ほど有用性が高い？

　インターネット法務における調査の経験上，過去に遡るほど有用な情報が残っていることが多い。

　サイバー犯罪を含めてインターネット上で権利侵害を行う者の特徴として，当初は技術レベルや警戒心が高くないが，時間の経過とともに，知識や技術が向上していく。そのため，現時点の情報を調査しても有用な情報が入手できない場合であっても，過去の情報を調査することで，有用な情報を入手できる場合が少なくない。

　このことは，米国のサイバーセキュリティ企業であるMandiant社（現FireEye社）のレポート[4]においても，同様の指摘がなされている。すなわち，同レポートは，米国政府へサイバー攻撃を繰り返すハッカー集団「APT（Advanced Persistent Threat）」が中国政府関連の組織であることを特定した文脈において，「ハッカーの技術力の向上によって特定作業が次第に困難になる」と指摘しており，逆に言えば，活動初期に遡れば遡るほど有用な情報が残っているということである。

　一般には知られていない過去の情報を入手する調査手法を本書の随所において紹介する。

4　Mandiant, APT1: Exposing One of China's Cyber Espionage Units（2014）pp.1–60（https://www.fireeye.com/content/dam/fireeye-www/services/pdfs/mandiant-apt1-report.pdf）

18

そこで，Whois情報の過去の履歴を取得するのに役立つサービスが，米国企業によるサービス「DomainTools」（https://www.domaintools.com/）である。

特定のドメインが作られてから調査日まで，Whois情報が変更される都度，その時点のWhois情報が保存されている。1つのドメインの情報を取得するにあたり49ドル[5]かかる有料サービスだが，その情報的価値は極めて高い。

具体的な利用方法は以下のとおりである。

① 現時点のWhois情報の確認

まず，あるドメイン（例えば「ykm-law.com」）の現時点のWhois情報を確認すると，〔図12〕のとおり，Registrant（登録者）情報の「Registrant Name」欄は「Whois Privacy Protection Service by onamae.com」となっており，具体的な登録者名は不明である。念のために他の欄を確認すると，登録者の住所欄である「Registrant Street」，「Registrant City」，「Registrant State」，「Registrant

〔図12〕 ドメイン「ykm-law.com」の2020年3月27日時点のWhois情報

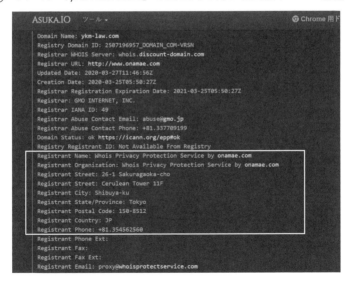

---

5 2020年3月25日時点。

Postal Code」および「Registrant Country」は，それぞれ「26-1 Sakuragaoka-cho」，「Cerulean Tower 11F」，「Shibuya-ku」，「Tokyo」，「150-8512」，「JP」となっており，同じく登録者の電話番号欄である「Registrant Phone」は「+81.354562560」，登録者の連絡用メールアドレス欄である「Registrant Email」は「proxy@whoisprotectservice.com」となっている。これらは，ドメイン取得代行業者であるGMOインターネットが提供する「Whois情報公開代行サービス」を利用した結果であり，同社の連絡先住所が登録者情報の代わりに公開されているのである。

② 「DomainTools」を用いて過去のWhois情報の確認

　そこで，「DomainTools」（https://www.domaintools.com/）を利用する。

　まず，「DomainTools」のWebサイトは 図13 のとおりである。右上の「RESEARCH」ボタンをクリックすると，Whois情報を調査するためのサービス「Whois Lookup」（https://research.domaintools.com/）に移行する。

図13 「DomainTools」のWebサイト

　「Whois Lookup」では， 図14 のとおり，検索窓に，調査対象のドメインを入力する。ここでは，「ykm-law.com」と入力して検索する。

20

図14 「DomainTools」の「Whois Lookup」調査ページ

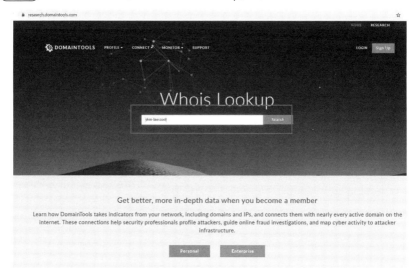

図15 「DomainTools」の「Whois Lookup」検索結果

　(図15)のとおり，検索結果が表示される。次に，「Preview the Full Domain Report」をクリックする。

　(図16)のとおり，「Buy Now for $49」をクリックすることで，購入ページへと移行する。なお，「SAMPLE」をクリックすると，これから購入するレポートのモデルを無料で閲覧できるので，事前にどのような情報を入手できるかの確認が可能である。

(図16)　「DomainTools」の購入ページ①

　(図17)のとおり，購入予定のドメイン名および購入金額に誤りがないかを確認の上，「Proceed to Checkout >」をクリックする。

(図17) 「DomainTools」の購入ページ②

(図18)のとおり，購入にあたって会員（アカウントを保有している）かを質問されるが，ここは，「No, I don't have a DomainTools account」を選択して，「Next」をクリックする。

(図18) 「DomainTools」の購入ページ③

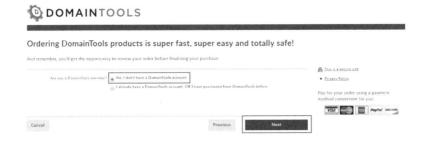

ここでは，(図19)のとおり，アカウントの種類を問われるので，「Free account report buyers」を選択して，「Next」をクリックする。

なお，「Personal Membership」を選択すると，月額＄99が課金されることとなる。「Personal Membership」に加入すると，月に５件までレポートを入手できるため，利用頻度が高い場合には有用であるが，そうでない場合には，「Free account report buyers」で十分である。

(図19)　「DomainTools」の購入ページ④

(図20)のとおり，購入手続の最後として，決済情報を入力の上，「Review Order」をクリックする。

(図20)　「DomainTools」の購入ページ⑤

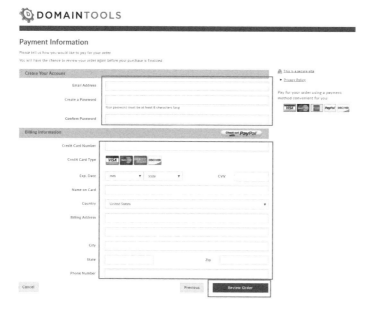

(図21)のとおり，購入対象および決済情報に誤りがないかを確認の上，「Finish」をクリックする。これをもって購入手続が完了する。

24

(図21) 「DomainTools」の購入ページ⑥

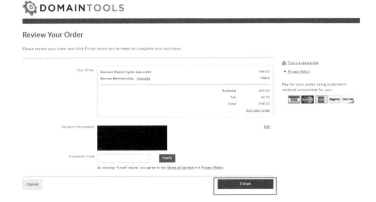

(図22)のとおり，「Your purchase has been completed」と表示されると，購入手続が完了したことが確認できる。その後，下部の「CONTINUE」をクリックする。

(図22) 「DomainTools」の購入ページ⑦

　図23 のとおり，購入したレポートを閲覧するために，「Log in to view your reports」をクリックする。

図23 ）「DomainTools」の購入ページ⑧

　図24 のとおり，上記で作成したログイン情報（メールアドレスおよびパスワード）を入力の上，「Log in」をクリックする。

図24 ）「DomainTools」の購入ページ⑨

（図25）のとおり，「Purchased Reports」欄の「Download PDF」をクリックして購入したレポートをダウンロードする。

（図25）　「DomainTools」の購入ページ⑩

　ダウンロードをしたファイルを開くと，（図26）のとおり，購入したレポートが表示される。ドメイン名は「YKm-Law.com」（表示上はなぜか一部単語が大文字となっているが，ドメイン名「ykm-law.com」のレポートである），購入日は2020年3月28日である。

　このレポートのうち，まず「Current Whois Record」（現時点のWhois情報。本レポートでは取得日である2020年3月28日時点のWhois情報）を確認すると，（図27）のとおり，「Registrant Name」（登録者名）欄は，「Whois Privacy Protection Service by onamae.com」となっており，その他の登録者情報も（図12）と同じ情報である。すなわち，「Whois情報公開代行サービス」による公開情報が記載されている。

図26 「DomainTools」で購入したレポートの表紙

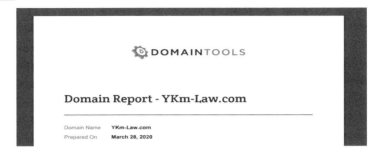

図27 現時点（2020年3月28日）のWhoisの情報

```
Current Whois Record
Reported on Mar 28, 2020

  Domain Name: ykm-law.com
  Registry Domain ID: 2507196957_DOMAIN_COM-VRSN
  Registrar WHOIS Server: whois.discount-domain.com
  Registrar URL: http://www.onamae.com
  Updated Date: 2020-03-27T11:46:56Z
  Creation Date: 2020-03-25T05:50:27Z
  Registrar Registration Expiration Date: 2021-03-25T05:50:27Z
  Registrar: GMO INTERNET, INC.
  Registrar IANA ID: 49
  Registrar Abuse Contact Email: abuse@gmo.jp
  Registrar Abuse Contact Phone: +81.337709199
  Domain Status: ok https://icann.org/epp#ok
  Registry Registrant ID: Not Available From Registry
  Registrant Name: Whois Privacy Protection Service by onamae.com
  Registrant Organization: Whois Privacy Protection Service by onamae.com
  Registrant Street: 26-1 Sakuragaoka-cho
  Registrant Street: Cerulean Tower 11F
  Registrant City: Shibuya-ku
  Registrant State/Province: Tokyo
  Registrant Postal Code: 150-8512
  Registrant Country: JP
  Registrant Phone: +81.354562560
  Registrant Phone Ext:
  Registrant Fax:
  Registrant Fax Ext:
  Registrant Email: proxy@whoisprotectservice.com
```

　続いて，同レポートを読み進めていくと，**図28**のとおり，「Whois Record on Mar 26, 2020」，すなわち2020年3月26日時点のWhois情報が掲載されている。上記のWhois情報が「2020年3月28日時点」のWhois情報であったことからすると，過去のWhois情報が表示されていることがわかる。

　そして，登録者の氏名である「Registrant Name」欄を見ると「Houritsujimusho Yakumo」，つまり当事務所の名称が表示されている。同様に他の欄を確認すると，登録者の住所欄である「Registrant Street」，「Registrant City」，「Registrant State」，「Registrant Postal Code」および「Registrant Country」の各欄には，それぞれ「33-4 Nishishimbashi」，「Minato Ku」，「Tokyo」，「105-0003」，「JP」と表示されており，これらは当事務所の住所地（当時）である。同じく登録者の電話番号欄である「Registrant Phone」欄には当事務所の電話番号である「+81.358438190」が，登録者の連絡用メールアドレス欄である「Registrant Email」欄には当事務所の連絡先メールアドレスである「info.yakumolaw@gmail.com」が表示されていることがわかる。

　このことから，「DomainTools」のサービスをもって，通常のWhois検索では知り得ない過去のWhois情報を取得でき，また，過去のWhois情報を調べることで，現時点では隠されている登録者情報が判明する場合があることがわ

図28　2020年3月26日時点のWhois情報

```
Whois Record on Mar 26, 2020

Domain Name: ykm-law.com
Registry Domain ID: 2507196957_DOMAIN_COM-VRSN
Registrar WHOIS Server: whois.discount-domain.com
Registrar URL: http://www.onamae.com
Updated Date: 2020-03-25T16:11:57Z
Creation Date: 2020-03-25T05:50:27Z
Registrar Registration Expiration Date: 2021-03-25T05:50:27Z
Registrar: GMO INTERNET, INC.
Registrar IANA ID: 49
Registrar Abuse Contact Email: abuse@gmo.jp
Registrar Abuse Contact Phone: +81.337709199
Domain Status: ok https://icann.org/epp#ok
Registry Registrant ID: Not Available From Registry
Registrant Name: Houritsujimusho Yakumo
Registrant Organization: Yakumo Houritsujimusho
Registrant Street: 33-4 Nishishimbashi
Registrant City: Minato Ku
Registrant State/Province: Tokyo
Registrant Postal Code: 105-0003
Registrant Country: JP
Registrant Phone: +81.358438190
Registrant Phone Ext:
Registrant Fax:
Registrant Fax Ext:
Registrant Email: info.yakumolaw@gmail.com
```

かったはずである。

⑸ 「RISKIQ」

同じく過去の登録情報を取得できるサービスを紹介する。 図29 のRISKIQ
（https://community.riskiq.com/）を利用すると，IPアドレスからドメイン名を
逆引きするにあたり，過去に遡って逆引き情報を取得することが可能である。
例えば，現在のIPアドレス「126.225.144.68」のドメイン名は「ykm-law.jp」で
あるが，当該IPアドレスに紐付けられていた過去のドメインを調べる際に利用
する。

図29 「RISKIQ」

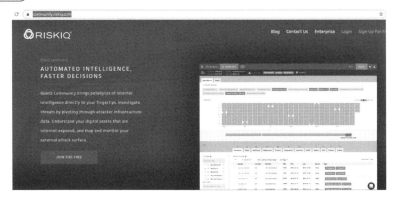

　例えば，フィッシング詐欺においては，特定のサーバ，すなわち特定のIPア
ドレスを用意の上，そこに様々なドメイン名を紐付けて，フィッシングサイト
を用意することが多い。
　自然災害の義援金を集うサイトに模したフィッシングサイトを例にとると，
台風災害のときは「taifu_gienkin.com」，地震災害のときは「jishin_gienkin.
com」などの別のドメイン名を紐付けることがある。
　この場合に，利用されている特定のIPアドレスを把握できていれば，同じく

フィッシングサイトとして過去に利用された，または現に利用されているドメイン名を把握できる。

さらに上述のReverse Whois検索やDomainToolsと併せることで，過去のドメイン取得の際に残された権利侵害者の痕跡を調査することが可能となる。調査の具体的な流れについては，第2章第3.3「フィッシングサイト」を参照されたい。

3 サーバ

⑴ 概 説

一般的にWebサイトを閲覧するときには，Google Chrome，Internet Explorer，Firefoxなどのブラウザを利用するが，Webサイトの情報はWebサーバと呼ばれるコンピュータに置かれており，ブラウザはWebサーバから情報を取り出すためのツールである。

Webサーバは，インターネットに接続されたコンピュータであり，例えば自分のパソコンをWebサーバとして利用することも，自前で別途Webサーバを用意することも可能であるが，通常は，セキュリティの観点や費用の面で，外部のホスティング会社と利用契約を締結して，サーバをレンタルして利用することが多いと思われる。

Webサイトの運営者は，契約したレンタルサーバにWebサイトの情報を蔵置した上で，前述2⑴のとおり，そのレンタルサーバ（のIPアドレス）と取得したドメイン名とをDNSにより対応させて，インターネット上にWebサイトを公開している。

防弾サーバとは

　防弾サーバとは，一般的には，匿名性の高いホスティングサーバの通称として呼ばれている。

　例えば，国内のホスティング会社が提供するレンタルサーバにおいて違法な情報が掲載された場合，ホスティング会社は，外部からの通報によってその情報を削除したり，発信者情報開示請求に対して契約者情報の開示をしたりする。違法情報の掲載は，レンタルサーバの利用規約に禁止行為として記載されていることが多く，それについてホスティング会社による削除権限や，契約者情報の開示権限が明示的に留保されていることが多い。

　仮に利用規約に明示されていなくても，人格権や著作権に基づく削除請求や，プロバイダ責任制限法に基づく発信者情報開示請求に対しては，ホスティング会社による法律に則った対応が期待できる。

　ところが，このような削除や開示に一切応じないのが，防弾サーバの特徴である。特に，契約者情報の開示に応じない点が「匿名性が高い」とされる所以である。

　そして，この匿名性のため，権利侵害に利用されることが多い。

　筆者らも，過去に違法情報が掲載されたWebサイトがオランダの防弾サーバに蔵置されていることが判明したため，連絡先として公開されていたメールアドレスに違法情報の削除と契約者情報の開示を求めるメールを何度も送付したことがあるが，応答があったことはない。

⑵　CDNサービス

CDN（Content Delivery Network）サービスとは，大容量のデジタルコンテンツをインターネット上で効率的に大量配信するためのネットワークサービスのことである。例えば，人気のあるWebサイトの場合，同サイトが蔵置されたWebサーバにアクセスが集中すると，Webサーバがダウンしたり，ネットワークに過剰な負荷がかかってしまったりするところ，こうした事態を避けるために，アクセスを効率的に分散する必要が生じる。

CDNサービスは，米国のCloudflare, Inc.（以下「クラウドフレア社」という）に代表され，その最も一般的な仕組みとしては，（図30）のように，ユーザーとオリジナルのサーバの間にキャッシュサーバを設け，オリジナルサーバに本来蔵置されているコンテンツのファイルをそのキャッシュサーバに一時的に保管して，ユーザーをこのキャッシュサーバにアクセスするように誘導する仕組みである。

（図30）　CDNサービスの仕組み

CDNサービス自体は，多くのWebコンテンツが利用している非常に有用な

サービスであるが，インターネット法務の文脈においては，CDNサービスの
キャッシュサーバの陰にオリジナルサーバが隠れてしまい，オリジナルサーバ
の運営者を特定することが困難になるという問題がある。

　例えば，あるWebサイトが無断で漫画をアップロードして第三者の著作権
を侵害している場合に，そのサイトの運営者に削除請求をすると仮定する。同
サイト上には運営者の連絡先が一切表示されておらず，Whois検索をしても具
体的な登録者の情報はみつからない。この場合，当該Webサイトがレンタル
サーバを利用している場合には，サーバのホスティングサービスを提供してい
る会社に当該Webサイトの運営者の契約者情報の開示を求めることが考えら
れる。ところが，前述の「MYIP.MS」といったサーバ情報の検索サービスで
は，当該ドメインから正引きしても，キャッシュサーバのIPアドレスのみが表
示され，問題となっているWebサイトを蔵置したオリジナルサーバのIPアド
レスは判明しないという問題が生じる。換言すれば，判明するのはクラウドフ
レア社のCDNサービスが利用されているという情報だけであり，その背後に
あるホスティング会社の情報が判明しないという問題が起きる。

　この特性を利用して，CDNサービスは，運営者情報の特定をできるだけ避
けたい海賊版サイトや名誉毀損などの違法なコンテンツを蔵置するサイトに
よって利用される傾向にある。

　ただし，このCDNサービスの利用には，一般的に，アカウントを作成する
必要があり，その際に氏名，住所といった情報のほか，サービスによってはク
レジットカード情報といった決済情報を登録する必要がある。また，アカウン
トの作成およびログイン時に利用したIPアドレスがCDNサービスのサーバに
記録される。

　そこで，CDNサービスが利用されている場合に，サイトの運営者を特定す
るために，キャッシュサーバを管理するCDNサービスの提供会社に上記の情
報の開示を求めることが考えられる。

4 Webサイト

⑴ 過去のWebサイト上の情報

Whois情報と同様，Webサイトにおいても，過去の一定の時点の表示内容が重要な情報価値を持つことがある。

例えば，過去のある時点では，お問い合わせ用の連絡先メールアドレスの表示があったはずなのに，改めて確認した時点では消えていた場合である。

こうした場合に有用なのが，以下のサービスである。

① 検索サービス上のキャッシュデータ

検索サービスの仕組み上，Webサイトの過去の情報が一時的に保存されていることがある。

例えば，Googleの場合，「現在のページが表示されなくなった場合のバックアップとして各ページのスナップショットを作成」[6]している。

具体的にみると，Googleの検索サービスにおいて，「八雲法律事務所」というワードで検索した場合，(図31)のとおり，検索結果のURLの横に「▼」が表示され，これをクリックすると，「キャッシュ」という文字が表示される。

(図31) 検索結果

6　https://support.google.com/websearch/answer/1687222?hl=ja&p=cashed

　この「キャッシュ」という表示をクリックすると，図32のとおり，過去の一定時点のWebサイトが表示される。Webサイトの上部には「これは Google に保存されているhttps://www.ykm-law.jp/のキャッシュです。 このページは2020年 2 月13日11：33：13GMTに取得されたものです。そのため，このページの最新版でない場合があります。」という表示がなされている。この検索自体が，2020年 2 月16日午前11時15分になされたものなので，少なくとも 3 日前の情報が保存されている。

図32　キャッシュされたWebサイト

②　「Wayback Machine」

　あるWebサイトの過去の表示を取得する方法として，もう 1 つ有用なのが，Webアーカイブサービスであり，その 1 つである「Wayback Machine」（https://archive.org/web/）を紹介する。

　図33の上部に記載があるとおり，Wayback Machineでは，2020年 2 月16日時点で4,110億ものWebページが保存されている（Explore more than 411 billion web pages saved over time）。

ここの検索窓に，調査対象のURLを入力して検索する。

（図33） 「Wayback Machine」

検索結果として（図34）が表示される。年単位でカレンダーを表示させること
ができ，Wayback MachineがWebサイトを自動的に保存した日には，印がつ
く仕組みとなっている。

例えば，2018年12月3日に印があるため，そこを見ると，「DECEMBER 3,
2018 1 snapshot 13:45:40」と表示される。これは，2018年12月3日13時45分40
秒時点のスナップショットが保存されていることを意味する。これをクリック
すると，保存されているページに移行する。

（図34）　検索結果

15/43/ykm-law.jp

　（図35）は，2018年12月 3 日13時45分40秒時点の「ykm-law.jp」のURLで表示
されていたWebサイトの表示である。（図32）と比べ，下部の「NEWS」欄の
表示内容が異なっていることからも，過去の時点のWebサイトの情報である
ことがわかる。

　なお，調査目的とは異なるが，Wayback Machineに保存されていないWeb
サイトでも，（図33）の右下「Save Page Now」欄にURLを入力して，「SAVE
PAGE」をクリックすることにより，Wayback Machine上に当該URLにかか
るWebサイトを保存できるため，証拠保全のための手段としても有用である。

38

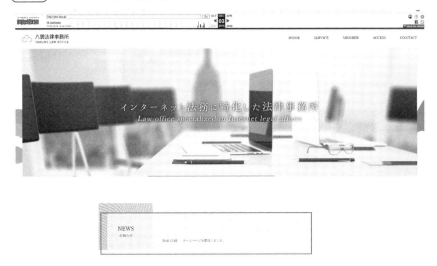

図35 キャッシュされたWebサイト

(2) **広 告**

　Webサイトには，そのサイト運営者自らが掲載するコンテンツだけでなく，様々なタイプの広告（バナー広告，テキスト広告，動画広告など）が掲載されていることがある。例えばバナー広告では，表示回数やクリック数に応じた報酬や，その広告のリンクを経由した一定の成果（広告主の商品の購入やサービスの会員登録）に対して成果報酬（いわゆる「アフィリエイト収入」）が発生するものがある。

　これらインターネット上の広告の多くは，広告主からの広告出稿依頼をとりまとめる広告代理店を通じて，Webサイト運営者に提供される。

　そうすると，Webサイト運営者と広告代理店との間には契約関係があり，広告代理店は，Webサイト運営者のメールアドレスまたは電話番号などの連絡先情報を保有している可能性が高い。また，Webサイトの運営者がWebサイトに広告を掲載する主な目的は広告収入を得ることにあるため，広告代理店は，広告料を振り込むためにサイト運営者の銀行口座情報を保有していると推

測できる。

　したがって，広告代理店からWebサイト運営者の情報の開示を受けること
ができれば，Webサイトの運営者の特定にあたって極めて有用な情報を入手
することができることとなる。なお，弁護士法第23条の2に基づく照会の方法
による広告代理店への照会については，第2.2(3)「広告代理店への照会」を
参照されたい。

　Webサイトが，どの広告代理店を利用しているかを調査するためには，まず，
その広告の表示を注意深く見ることから始まる。

　例えば，Googleが広告代理店として表示するバナー広告では，バナー広告の
右上に「ⓘ」のマークがあり，PCのブラウザで同マークにカーソルを合わせ
ると「Ads by Google」と表示され，Googleによる広告であることがわかる。
他社の場合でも同様に，バナー広告の四隅など目立たない箇所に，広告代理店
や広告サービスの名称が表示されていることがある。

　また，バナー広告のリンク先URLが，最終リンク先である広告主のWebサ
イトのURLではなく，広告代理店がトラッキング情報を管理するために経由
する別のURLとなっている場合もあるため，リンク先URLのドメイン名を確
認することにより，そのURLのドメイン名から広告代理店が判明する場合も
ある。PCのブラウザのGoogle Chromeでは，バナー広告にカーソルを合わせ
ることによりリンク先のURLがブラウザの左下に表示される仕様にデフォル
ト設定でなっているため，確認がしやすい。

　図36 は本書の出版元（中央経済社）のWebサイトであるが，左下の「Skill
Academy」の広告バナーにカーソルを合わせると，ブラウザの左下にリンク
先 のURL「https://www.skillacademy.jp/careerbuilder/book/?src=ckco」 が
表示される（このバナー広告の場合は，表示されるURLが最終リンク先の広告主の
Webサイトに係るURLと同一である）。

(図36) 「中央経済社」のWebサイト

　なお，Webサイトには広告代理店が提供するツールが埋め込まれているこ
ともあるため，次に紹介するWebサイトの構造からも，利用されている広告
代理店を特定する手掛かりがみつかる場合もある。

(3)　Webサイトの構造から判明する情報

　Webサイトに関連して判明する情報として，その「構造」から判明する情
報がある。Google Chrome，Internet Explorer，Firefoxなどのブラウザを通
して閲覧するWebサイトは，主にHTML（Hyper Text Markup Language）とい
うマークアップ言語によって記述されたファイルから構成され，その中には外
部のサービスが組み込まれることが少なくないところ，Webサイトの構造を
確認することで有用な情報が判明する場合がある。

　例えば，URL「ykm-law.jp」のWebサイトをブラウザ「Google Chrome」で
閲覧する場合に，キーボード上の「F12」を押すと，デベロッパーツールとい
う機能を利用することができる。このツールを利用すると，(図37)のように当
該Webサイトの構造が表示される。

(図37)　Webサイトの構造

　ここで着目するのは，左側に表示されている構造である。例えば，「wp-content」という表示があることから，このWebサイトは，「WordPress Foundation」が提供しているブログ作成のためのソフトウェアである「WordPress」を利用していることがわかる。

　そこで，試しにWordPressを利用するための条件を調べると（ 図38 参照），利用にあたって最低限メールアドレスとパスワードを登録することが求められている（ 図39 参照）。

　そうすると，WordPress Foundationは，このWebサイトの運営者のメールアドレスおよびパスワードを保管しており，WordPress Foundationから仮に開示を受けることができれば，メールアドレスを入手できることがわかる。

　同様に， 図37 を見ると，「www.google-analytics.com」という表示があることから，このWebサイトは，Googleが提供しているアクセス解析ツールである「Google Analytics」を利用していることがわかる。

　そして，このツールを利用するための条件を調べると， 図40 のとおり，まずはメールアドレスまたは電話番号をもってGoogleのアカウントを作成する必要がある。そうだとすると，WordPressの場合と同様，Googleは，このWebサイトの運営者のメールアドレスまたは電話番号を保有していることが推測できる。

（図38） 「WordPress」のWebサイト

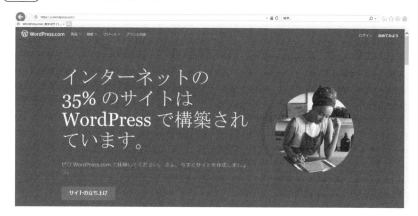

（図39） 「WordPress」のアカウント情報

（図40） 「Google Analytics」のアカウント情報

　さらに，このサービスは無料版のほか有料版[7]も存在するところ，有料版の場合には，クレジットカードによる決済となる。そうだとすると，Googleは，上記の情報に加え，クレジットカードの決済情報（氏名，住所，カード番号など）を保有している可能性がある。一般的に，銀行口座やクレジットカード情報などの経済的利益の移転に伴う情報は偽装が容易ではなく，真正の情報が登録されていることが多い。

　したがって，これらの開示を受けることができれば，Webサイトの運営者の特定にあたって極めて有用な情報を入手することができることとなる。

5　Webメール

　脅迫行為に伴って電子メールが利用されることがある。その際，Yahoo!メールやGmailなどの，無料のWebメールが利用されることが多い。Webメールを利用するにあたっては，アカウントの作成が必要となり，利用者は，アカウント作成に必要な情報を登録する。

　そのため，Webメールを提供する会社は，これらのアカウントに登録された情報を保有しているはずである。

　脅迫行為などの権利侵害を行う者は，特定されることを避けるためにWebメールを利用しているためアカウント情報として，虚偽の氏名や生年月日を登録するのが一般的であるが，最近ではアカウント作成にあたって認証情報として電話番号を要求するサービスが増えている。そして，認証の性質上，実際に利用する電話番号の登録が必要となることから，電話番号が登録されていれば，アカウント作成者の特定にあたって有用な情報となり得る。

　また，アカウント作成時およびアカウントにログインする際には，その都度IPアドレスがWebメールのサーバに記録される。

　そこで，これらの情報の開示を求めることも考えられる。

7　https://marketingplatform.google.com/intl/ja/about/analytics-360/compare/

メールアドレスおよびパスワードの漏えいの有無を確認する方法

　情報漏えいに関する報道が相次ぐなか，自分のメールアドレスおよびパスワード（以下総称して「認証情報」という）が漏えいしていないか気になるところである。

　サービスごとにアカウント情報として登録する認証情報を変えることはせず，覚えやすいように認証情報を使い回すことも少なくない。

　そのため，ある情報漏えい事件で，自身の認証情報が漏えいした場合，その漏えいした認証情報が用いられて，他のサービスに不正にログインされる可能性が生じる。

　そこで，自身の認証情報の漏えいの有無を確認するサービスを紹介する。

　図41 で示す「Have I Been Pwned」（https://haveibeenpwned.com/）は，検索窓に自身のメールアドレスまたはパスワードを入力するだけで，漏えいの有無を確認できる無料サービスである。

図41 「Have I Been Pwned」のWebサイト

　例えば，上部のメニューから「Passwords」を選んでパスワード「13579」を入力すると，図42 のとおり，47,460回も漏えいしたことが表示される。

(図42)　パスワード「13579」の検索結果

　他方で，「5ad*dlb/_d」という文字列を入力すると，(図43)のとおり，「Good news – no pwnage found!」と表示され，少なくとも同サービスにおいては漏えいした事実が確認されていないことがわかる。

(図43)　パスワード「5ad*dlb/_d」の検索結果

第2 法的アプローチ

1 会社情報

　インターネット上の権利侵害において，例えばWhois情報上の登録者の名称として特定の法人名が判明した場合，当該法人の登記・登録情報を取得することが有用となる。当該会社の役員欄に記載された者が，インターネット上の権利侵害に関わっている可能性が高いからである。しかも，これらの情報は，オンラインで取得できる場合が多いため，その調査は非常に容易である。以下では，日本，米国（カリフォルニア州）およびシンガポールの会社情報のオンラインでの取得方法を紹介する。

(1) 日本の会社情報

　日本の会社情報を収集する手段として基本となるのが登記情報の取得である。
　日本国内に本店を置いている会社であれば，「登記情報提供サービス」（https://www1.touki.or.jp）というサービスを用いて，会社の登記情報を調査することができる。
　同サービスは，あらかじめ申込手続をすることなく，クレジットカードで即時決済により利用することができる「一時利用」と，申込手続をして利用者IDや管理者IDの交付を受けてから利用する「個人利用」「法人利用」などの利用方法がある。なお，「個人利用」は申込手続に約1週間程度，「法人利用」は申込手続に約1カ月程度要する。
　同サービスの利用方法は以下のとおりである。
　まず，図44のとおり，「登記情報提供サービス」（https://www1.touki.or.jp）のトップページからログインをクリックする。

図44　「登記情報提供サービス」①

　図45のとおり，ログイン画面で，発行されたID番号とパスワードを入力してログインする。

図45　「登記情報提供サービス」②

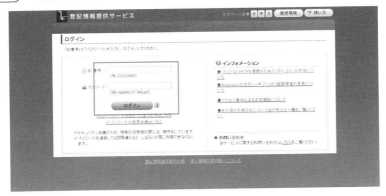

　図46のとおり，請求情報受付メニューに移るので「商業・法人請求」をクリックする。

48

（図46）　「登記情報提供サービス」③

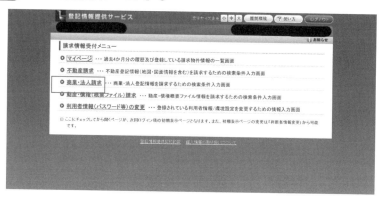

（図47）のとおり，「会社・法人検索」画面で，調査したい会社の名称や本支店などの情報を入力して「検索」をクリックする。

（図47）　「登記情報提供サービス」④

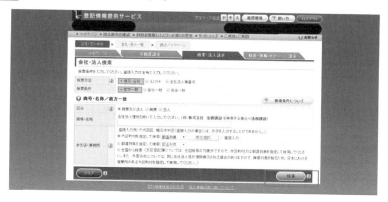

　検索した情報と一致する会社の一覧から，登記情報を取得したい会社のチェックボックスをクリックし，「請求」をクリックする。（図48）では，具体例として「商号・名称」を「ソフトバンク」，「本支店・事務所」を「東京都」

に指定して検索した結果の会社・法人一覧からソフトバンク株式会社を選択している。

(図48)　「登記情報提供サービス」⑤

(図49)のとおり，請求確認画面が出てくるため，取得したい情報に間違いがなければ「OK」をクリックする。

(図49)　「登記情報提供サービス」⑥

　(図50)のとおり，ページが切り替わり「マイページ」が表示される。登記情
報を請求した会社のリストが作成されており，「ステータス」の項目が「取得
中」から「請求済」に変わった会社については，左側のチェックボックスをク
リックし，「表示・保存」をクリックすることで，登記情報がダウンロードで
きる。

(図50)　「登記情報提供サービス」⑦

　登記情報には，役員の氏名のほか以前の本店の住所，会社成立の年月日，資
本金の額，代表取締役の住所などの各種情報が記載されており，会社の構成や
資産に関する情報を得ることも可能である。

(2)　米国の会社情報

　相手方となる当事者が米国の会社であるときは，会社の登録情報をオンライ
ンで閲覧することができる。ここでは，一例としてカリフォルニア州に登録さ
れている会社の情報の閲覧の方法を紹介する[8]。

　まずは，(図51)のとおりカリフォルニア州の州務長官のサイト（https://

---

www.sos.ca.gov）にアクセスする。

　トップページの上部または中央付近にある「Business」をクリックする。

（図51）　「カリフォルニア州の州務長官のサイト」①

　（図52）のとおり「Business Programs」のページが表示されるので，ページ
中央付近の「Business Search with Free Images」をクリックする。

（図52）　「カリフォルニア州の州務長官のサイト」②

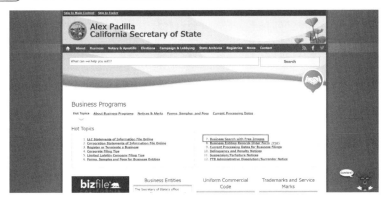

52

　（図53）のとおり，「Business Search」のページが表示されるので，「Search Type」の項目から何の情報により会社を検索するかを選択し，「Search Criteria」（検索条件）に検索する情報（会社名など）を入力して，「Search Filter」を選んだ上で，「Search」をクリックする。ここでは，具体例として「Search Type」に「LP/LLC Name」を選択，「Search Criteria」に「google」を入力し，「Search Filter」に「Keyword」を選択して検索している。

（図53）　「カリフォルニア州の州務長官のサイト」③

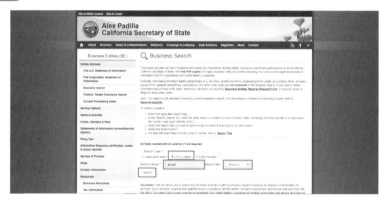

　（図54）のとおり，検索結果一覧が出てくるため，情報を見たい会社名をクリックする。ここでは，「GOOGLE LLC」を選択している。
　（図55）のとおり選択した会社の情報が表示される。会社の情報としては，「Registration Date」（登録日），「Entity Address」（所在地）などが記載されている。また，会社がカリフォルニア州の州務長官に提出した「Statement of Information」（情報報告書）がオンライン上で閲覧できることもあり，この「Statement of Information」には，本店所在地やCEOの名前，住所などの情報が記載されている。（図55）は，「GOOGLE LLC」の会社情報であるが，ページ中央付近に，「Document Type」が「SI-COMPLETE」，「File Date」が「02/19/2020」のPDFデータがあり，2020年2月19日に「GOOGLE LLC」がカリ

図54 「カリフォルニア州の州務長官のサイト」④

図55 「カリフォルニア州の州務長官のサイト」⑤

フォルニア州の州務長官に提出した「Statement of Information」のPDFデータを閲覧することができる。

(3) シンガポールの会社情報

日本の登記簿に当たる情報は，シンガポールでは「BizFile」と呼ばれており，会計企業規制庁（ACRA）で管理している。「BizFile」は有料ではあるが，ACRAのWebサイトから入手することができる。以下，購入の手順を紹介する[9]。

まずは，(図56)のとおり，ACRAのトップページ（https://www.acra.gov.sg/）から「Login to BizFile⁺」をクリックする。

(図56) 「会計企業規制庁（ACRA）」①

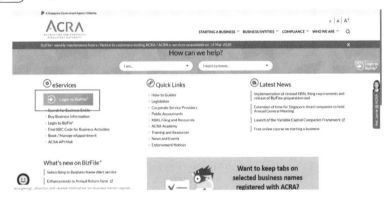

(図57)のとおり，「BizFile⁺」のページが表示されたら上部にある検索画面に検索したい会社名を入力し，「Search」をクリックする。ここでは，2ch.scの運営主体とされている「PACKET MONSTER INC」を入力している。

9　購入の手順は2020年3月14日時点のもの。購入方法は変更されることがあるため注意が必要である。

（図57）　「会計企業規制庁（ACRA）」②

（図58）のとおり，検索条件のページが表示されるため，検索条件を入力，選択し，「Search」をクリックする。ここでは，「Entity Name」として先ほどの「PACKET MONSTER INC」を入力し，「Search Criteria」として「Entity Name Starting With」を選択している。

（図58）　「会計企業規制庁（ACRA）」③

　(図59)のとおり，検索結果で会社の情報が表示されるため，BizFileを購入したい会社の欄の右側にある「Buy Information」をクリックする。このページでは会社の住所やステータスなどを確認することができる。

(図59) 「会計企業規制庁（ACRA)」④

　購入できる証明書が複数表示されるため，(図60)のとおり，購入したい証明書の「Add to Cart」をクリックする。単に会社情報を確認したいだけであれば「Business Profile（Co)」（5.5シンガポールドル），公的な証明に用いる場合であれば「Business Profile with Certificate of Production（Co)」（16.5シンガポールドル）を選択する。「Add to Cart」をクリックすると，同ページ上部の「Cart」の数字が変化する。購入を行う際には，(図61)のとおり，この「Cart」をクリックする。

（図60）　「会計企業規制庁（ACRA）」⑤

（図61）　「会計企業規制庁（ACRA）」⑥

　（図62）のとおり，「Payment Cart」の画面が表示されるため，購入内容を確認した上で，右上の「Check Out」をクリックする。

（図62） 「会計企業規制庁（ACRA）」⑦

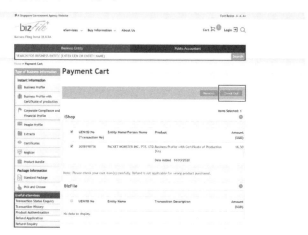

（図63）のとおり，「Login Selection」の画面が表示される。「CorpPass」や「SingPass」でのログインを求められるが，下部の「Customer without CorpPass/SingPass, click here」をクリックする。

（図63） 「会計企業規制庁（ACRA）」⑧

　(図64)のとおり，購入者の情報を求められるため，必要事項を記入し，左下の「Confirm」をクリックする。購入後はここで入力したEmailアドレスに会社情報を確認するのに必要なメールが届くこととなる。

(図64)　「会計企業規制庁（ACRA）」⑨

　(図65)のとおり，「Review」画面が表示されるため，内容を確認し右上の「Make Payment」をクリックする。

60

（図65） 「会計企業規制庁（ACRA）」⑩

（図66）のとおり，支払方法を選ぶ画面が表示されるため，支払方法を選択し，
カード情報などの必要な情報を入力する。

（図66） 「会計企業規制庁（ACRA）」⑪

　図67 のとおり，決済が完了すると「Acknowledgement」画面が表示される。また，購入者情報として記載したEmailアドレスに，ACRAからメールが届く。

図67　「会計企業規制庁（ACRA）」⑫

　図68 のとおり，購入者情報として記載したEmailアドレスに届いたACRAのメール本文の「here」をクリックする。メール本文にはダウンロードは7日以内に行う必要があると記載されている。

図68　ACRAのメール

（図69）のとおり，ダウンロード画面が表示されるので，画像認証を行い，「Download」をクリックすると会社情報のPDFがダウンロードされる。

（図69）　「会計企業規制庁（ACRA）」⑬

2　弁護士法第23条の2に基づく照会

　続いて，インターネット法務の調査手法という文脈における弁護士法第23条の2に基づく照会制度（以下「弁護士会照会」という）を利用した情報収集の方法を紹介する。弁護士にとっては馴染みの深い制度であるが一般的には知名度の高いものではない。そのため，インターネット上の権利侵害者もまさか自身の情報が開示される余地があるとは思っていないために不用意に残した痕跡が弁護士会照会を利用することで容易に判明することがある。そのため，インターネット上の権利侵害者と特定するにあたり，弁護士会照会は非常に有用な情報収集方法として活用できる。

(1)　コンテンツプロバイダへの照会
　インターネット上の権利侵害に関連したIPアドレスを入手する方法の1つと

して，権利侵害となる情報が掲載されたWebサービスを運営するコンテンツプロバイダに対し，弁護士会照会を用いて開示を求める手段がある。これにより，仮処分を行う場合と比べて，格段に費用や時間を抑えてIPアドレスを取得できる。

　IPアドレスの取得には，仮処分の手続を用いることが多く，コンテンツプロバイダとしても仮処分による決定がないとIPアドレスを開示しない場合が一般的である。特に，プロバイダ責任制限法に基づく発信者情報開示請求を多く受けているコンテンツプロバイダなどでは，仮処分の手続を経ないとIPアドレスを開示しない傾向にある[10]。

　しかしながら，IPアドレスだけであれば，権利侵害となる情報の発信者の氏名や住所といった秘匿性の高い個人情報ではないことや，弁護士会照会を受けた照会先には，原則として照会に対する報告・回答義務があることなどから，インターネット上の権利侵害への対応に協力的な方針をとるコンテンツプロバイダにおいては，弁護士会照会によりIPアドレスを開示することがある。

　期間の点だけみても，コンテンツプロバイダに対する仮処分手続が数カ月は見込まれるのに対して，弁護士会照会では数週間でIPアドレスの開示に至ることができるため，非常に有用な情報収集手段と言える。

　そのため，権利侵害となる情報が掲載されたWebサービスを運営するコンテンツプロバイダ次第では，IPアドレスを取得する方法として弁護士会照会も選択肢に入ることとなる。

⑵　電気通信事業者への照会

　インターネット上の権利侵害に関する情報として，例えばWhois検索により，電話番号が判明する場合がある。

　ここで，電話番号については，総務省が各電気通信事業者に対して特定の電話番号を指定している。具体的には，固定電話であれば，初めの「0」以降の

10　仮処分の手続については第2.4⑴を参照されたい。

5桁までで区切って，総務省が電気通信事業者に指定をしており（東京でいえ
ば，03-●●●●までの番号を1つの電気通信事業者に指定している），電話番号の
指定を受けた電気通信事業者は，残りの4桁部分の番号（先ほどの東京の例で
いえば，03-●●●●-▲▲▲▲の▲▲▲▲の部分）を利用者に割り振って使用させ
ているということとなる。携帯電話においても概ね同じように指定をしている。
電話番号がどの電気通信事業者に指定されているかについては，総務省のホー
ムページにある「電気通信番号指定状況」（https://www.soumu.go.jp/main_
sosiki/joho_tsusin/top/tel_number/number_shitei.html）から確認することができ
る。

　また，「キャリアの番検」というサービス（https://c-banken.com/）でも，電
話番号が指定されている電気通信事業者を簡単に確認することができる。

　まず，(図70)の「キャリアの番検」のトップページから，「まとめて検索」
をクリックする。

(図70) 「キャリアの番検」①

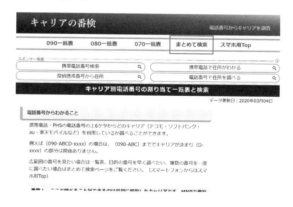

　検索ページに移行したら，「電話番号」の下の欄に，検索したい電話番号の
数字を6ケタ以上入力し，「検索開始」をクリックする。(図71)では，「090123」
の番号を入力している。

図71　「キャリアの番検」②

　検索結果がページの下に表示され，検索した電話番号が指定されている電気通信事業者が判明する。図72では，「090123」の電話番号が指定されている電気通信事業者が「KDDI」であることがわかる。

図72　「キャリアの番検」③

　以上のように，電話番号が判明しているのであれば，その電話番号の指定を受けている電気通信事業者を調査した上で，当該電気通信事業者に対して弁護

士会照会を行い，当該電話番号を利用している契約者の情報の照会を行うことにより，発信者の情報を取得できる場合がある。

　なお，総務省が公開している「電気通信番号指定状況」については，総務省が初めに指定をした電気通信事業者の情報が記載されているだけであるため，番号ポータビリティにより，実際に当該電話番号を用いている電気通信事業者が異なる可能性がある。上記「キャリアの番検」のサービスを利用した場合も同様である。弁護士会照会を行う際には，番号ポータビリティの可能性を考慮して，番号ポータビリティの場合には当該電話番号を使用している電気通信事業者の情報を回答してもらうように注意する必要がある。

⑶　広告代理店への照会

　あるWebサイトで権利侵害となる情報が掲載されており，当該Webサイトが用いているWeb広告から広告代理店が判明した場合，当該広告代理店に対して契約者の情報を弁護士会照会により求めるという方法がある[11]。

　広告代理店は，Webサイトに広告を掲載する上で，当該Webサイトの運営者と契約を締結しており，運営者に関する情報（氏名，住所）や，広告掲載料を運営者に対して支払うために支払先の情報（金融機関名，支店名，口座番号，口座名義）を保有していることが多い。

　そのため，広告代理店への弁護士会照会は，権利侵害となる情報の発信者を特定できる可能性があるだけではなく，発信者が保有している金融機関の情報も把握できるなど，その後の損害賠償請求をする上で有益な情報を得られることがある。

⑷　インターネットカフェへの照会

　権利侵害となる情報に関するIPアドレスを取得し，アクセスプロバイダから契約者情報の開示を受けたが，契約者がインターネットカフェであるとの回答

11　広告代理店の調査方法については第1.4⑵を参照されたい。

がなされることがある。インターネットカフェにおいては，同一のIPアドレスを店舗の利用者すべてに使用させているということもあるため，それ以上発信者の特定ができない場合もある。

　しかし，インターネットカフェによっては，利用者やパソコン端末ごとにIPアドレスを分けているところがあり，また，同時刻に店舗を利用した人物が限られる場合や情報の発信に用いたパソコン端末を特定できる場合は発信者の特定が可能となる場合がある。また，インターネットカフェによっては，利用する上で身分証の提示が求められ，氏名や住所などの情報の登録が必要となることが多いことから，弁護士会照会によりインターネットカフェが把握している利用者の登録情報を取得できることもある。

　また，インターネットカフェから，情報が発信された時間帯の利用者数が多いため発信者を特定できないという回答が来ても，こちらから特定につながる情報（例えば，限られた者しか知らない情報が発信された際に，情報を把握している人物のリストを提供し，該当する人物がいるかどうかの回答を求めるなど）を提供することで，回答してもらえることもある。

3　職務上請求

　アクセスプロバイダから発信者の氏名や住所の開示を受け，その発信者の住所に書面を送ったところ，居住していないなどの理由で書面が返送されてくることがある。アクセスプロバイダと契約した時点の住所から発信者が移転している場合などがあるためである。

　そのような場合には，住民票を職務上請求により取得することで，発信者が移転した先の住所が判明することがある。職務上請求とは，弁護士や司法書士などが受任している事件または事務に関する業務を遂行するために必要がある場合に，第三者の住民票や戸籍謄本などの交付を請求できる制度である。

　また，アクセスプロバイダより開示を受けた契約者の情報からして，発信者とは考えられないような場合（例えば，発信された情報の内容からすると未成年

者の口論のような内容であるが，契約者が成人のため，契約者が発信者の保護者である可能性が高い場合など）や，契約者から自分が発信者ではないなどの回答を得た場合には，契約者と世帯を同じくしている家族に関する情報として，住民票や戸籍を職務上請求により取得するという方法もある。これは，自宅のインターネット回線を家族の名義で契約しているが，実際にその回線を使っているのが契約者本人ではなく，契約者の家族であるということもあり得るからである。

　なお，職務上請求については，住民票や戸籍謄本を取得する正当な理由や必要性が求められるため，特段の必要性のない網羅的な情報収集のために用いるべきではないことに留意する必要がある。

4　発信者情報開示請求

(1)　仮処分

①　仮処分を用いる理由

　インターネット上でなされた権利侵害となる情報に係る発信者を特定するために，当該情報の発信に用いられたIPアドレスを確認する必要が生じる場合がある。これは，コンテンツプロバイダが提供するWebサービス上に，権利侵害となる情報が発信された場合などである。

　発信者がホスティング会社からサーバをレンタルし，当該サーバ上で運営するWebサイトに権利侵害となる情報を自ら発信している場合には，通常はサーバをレンタルしているWebサイトの運営者が発信者である。そのため，サーバをレンタルしているホスティング会社に当該Webサイトの契約者情報の開示を求めることにより，発信者を特定することが可能となる。

　しかし，コンテンツプロバイダが提供するWebサービス上に権利侵害となる情報が発信された場合には，発信者とWebサービスの運営者とは同一ではないことから，発信者に関する情報として，コンテンツプロバイダから当該情報の発信に係るIPアドレスを確認する必要が生じる。

　そして，IPアドレスやタイムスタンプといった情報については，アクセスプロバイダに保存されている期間が短期間であり，コンテンツプロバイダからIPアドレスの開示を受けるために訴訟を提起していたのでは，判決が確定するまでの間に，アクセスプロバイダに保存されているIPアドレスやタイムスタンプといった情報が消えてしまいかねない。そのため，訴訟を提起してコンテンツプロバイダからIPアドレスやタイムスタンプの情報の開示を受けたとしても，アクセスプロバイダから発信者の情報を開示してもらえないという結果になる可能性が高くなる。

　そこで，コンテンツプロバイダからIPアドレスを確認するために，通常1〜2カ月程度で終結する迅速な手続により裁判所が決定を出す仮処分を用いることとなる。

②　コンテンツプロバイダの特定

　仮処分の申立てを行う上で，誰を相手方（仮処分のような保全事件では「債務者」という）にするかをまず検討する必要がある。権利侵害の情報が掲載されているWebサービスを管理運営する会社が判明していれば，当該Webサービスに関する情報のやりとりの記録が当該会社のサーバに記録されていると考えられるため，当該会社を債務者として申し立てることとなる。

　ただし，Webサービスによっては，当該Webサービスを管理運営している会社名が，Webサイト上から一見して明らかではないときもある。そのような場合でも，Webサービスのヘルプページや利用規約といったページに，運営者として会社名が記載されていることがあるため，当該会社を債務者とし，当該ページをプリントアウトして疎明資料として裁判所に提出することとなる。

　また，Webサービスに連絡先が記載してあるならば，当該連絡先に管理運営主体を問い合わせし，その回答結果を報告書にまとめ，疎明資料として提出するという方法もある。

　他にも，Webサイトの管理運営をしている主体が当該Webサイトのドメイン名の登録者と一致することもあるため，Whois検索によりWebサイトのドメ

インの登録者を調査した結果をプリントアウトして疎明資料として裁判所に提
出するということも考えられる[12]。

③　要　件
　仮処分によりIPアドレスの開示を受けるためには，被保全権利および保全の
必要性を疎明しなければならない。

ア　被保全権利

　被保全権利となるのは，プロバイダ責任制限法による発信者情報開示請求権
である。プロバイダ責任制限法第4条第1項は，「特定電気通信による情報の
流通によって当該開示の請求をする者の<u>権利が侵害されたことが明らか</u>である
とき」および「当該発信者情報が当該開示の請求をする者の損害賠償請求権の
行使のために必要である場合その他発信者情報の開示を受けるべき<u>正当な理由</u>
があるとき」は，「特定電気通信による情報の流通によって<u>自己の権利を侵害
されたとする者</u>」は，「当該特定電気通信の用に供される特定電気通信設備を
用いる<u>特定電気通信役務提供者（開示関係役務提供者）</u>」に対して，「保有する
当該権利の侵害に係る発信者情報（氏名，住所その他の侵害情報の発信者の特定
に資する情報であって総務省令で定めるものをいう。）」の開示を請求することが
できると規定している。そのため，これらの要件を満たしていることを疎明す
る必要がある。

　コンテンツプロバイダは，通常，「特定電気通信役務提供者（開示関係役務提
供者）」に該当する。また，権利侵害となる情報の発信者に対して損害賠償請
求などの対応をしたいということから発信者情報の開示を求めることが多く，
「正当な理由」はその点を主張すれば足りる。

　よく問題となるのが，「権利が侵害されたことが明らか」という要件，いわ
ゆる権利侵害の明白性という要件である。侵害される「権利」については，名
誉権，プライバシー権，肖像権，著作権などの法的に保護される権利であれば

12　ドメインの登録者の調査については第1.2を参照されたい。

制限はない。侵害されたことが「明らか」かどうかについては，不法行為の客観的要件が充足していることに加えて，不法行為の成立阻却事由の存在を窺わせるような事情がないことまでを主張し，疎明する必要がある。名誉毀損による名誉権侵害を主張する場合には，発信された情報によって対象者の社会的評価が低下したことなどの不法行為の客観的要件のみならず，当該情報の発信につき，公共目的ではないこと，公共の利害に関するものではないこと，情報において摘示された事実が真実ではないことといった，違法性を阻却する事由の存在が窺われないことなどを主張し疎明する必要がある。

イ　保全の必要性

　保全の必要性とは，「争いがある権利関係について債権者に生ずる著しい損害又は急迫の危険を避けるためこれを必要とするとき」（民事保全法第23条第2項）に認められる。この点，前述（第2.4(1)①）したとおり，アクセスプロバイダにおいてはIPアドレスやタイムスタンプの情報を保有している期間が短いといった事情から，IPアドレスの開示を求める仮処分においては一般的に保全の必要性は肯定される。

④　管　轄

　仮処分は，短い間隔（1週間に1期日など）で期日が設定されるため，申し立てた裁判所が遠方の裁判所となると，頻繁に遠方の裁判所へ出廷する必要が生じ，費用や時間の負担が大きくなる。そのため，管轄を意識した上で，仮処分の申立てを行うかどうかや申立ての時期を検討することとなる。なお，ここでは，発信者情報開示の仮処分に関する管轄のみを記載する。

ア　日本の法人を債務者とする仮処分

　債務者が日本の法人の場合は，管轄は債務者の普通裁判籍の所在地を管轄する地方裁判所となる（民事訴訟法第4条，民事保全法第12条第1項）。そのため，コンテンツプロバイダの本店所在地を管轄する地方裁判所に対して仮処分を申し立てる必要がある。

イ　外国の法人を債務者とする仮処分

　外国の法人を債務者として仮処分をするためには，（ア）国際裁判管轄と（イ）国内裁判管轄を検討する必要がある。（ア）国際裁判管轄は，日本の裁判所において事件を取り扱ってよいか，という問題であり，（イ）国内裁判管轄は，日本のどの裁判所において事件を取り扱うか，という問題である。

　（ア）国際裁判管轄

　国際裁判管轄が認められる場合は以下のとおりである。

・外国法人の主たる事務所・営業所が日本にあること（民事訴訟法第3条の2第3項）
・外国法人の代表者，主たる業務担当者の住所が日本にあること（同法第3条の2第3項）
・外国法人の事務所または営業所が日本にあり，その事務所または営業所がプロバイダ事業に関わっていること（同法第3条の3第4号）
・外国法人が日本で継続的な事業を行っており，本案の訴えが日本の業務に関すること（同法第3条の3第5号）

　以上のように，外国法人の主たる事務所が日本にある場合や業務担当者が日本にいる場合，Webサービスの管理をしている事務所が日本にある場合などでは日本の裁判所に仮処分を申し立てることができる。また，事務所や営業所が日本になく，代表者や業務担当者が日本にいないとしても，日本語を用いた日本向けのWebサービスを展開している外国法人であれば，「日本において事業を行う者」として（同法第3条の3第5号），日本の裁判所に仮処分を申し立てることができる。

　（イ）国内裁判管轄

　（ア）国際裁判管轄が認められた上で，外国法人の事務所や営業所が日本にある場合，代表者や業務担当者が日本にいる場合などであれば，事務所や営業所の所在地，代表者や業務担当者の住所を管轄する地方裁判所に申立てをする

こととなる（同法第4条）。

　上記以外の場合で，日本での管轄が定まらない場合には，「管轄が定まらないとき」として，東京都千代田区を管轄する東京地方裁判所に仮処分を申し立てることができる（同法第10条の2，民事訴訟規則第6条の2）。

⑤　外国法人を債務者とした場合の特殊な事情

　債務者が外国法人である場合は，日本の法人を債務者として仮処分を申し立てる場合と比べて，負担や時間がかかることに留意する必要がある。

　まず，資格証明書の取得に時間がかかる上，日本の裁判所に仮処分を申し立てた後，仮処分命令の申立書などの書面を，日本語で作成した書面のみならず，翻訳文をすべて付けた上で外国法人に送る必要がある。

　また，裁判所から債務者である外国法人に対して呼出状（呼出状も翻訳して裁判所に提出する必要がある）を国際スピード郵便（EMS）で送付するが，郵送のみで1週間程度は要することとなる。その上，外国法人が日本の法律事務所の弁護士を代理人とする場合，外国法人が日本の法律事務所に委任して，記録を送付し，代理人が検討をするのに時間がかかることが多く，この間だけで，日本の法人を債務者とした場合に比べて1カ月程余分に時間がかかる場合もある。アクセスプロバイダがIPアドレスなどを保有している期間を考えると，外国法人を債務者とする仮処分の場合は，権利侵害となる情報が発信されてから申立てまでの期間をできるだけ短くする必要がある。

(2)　発信者情報開示請求訴訟

①　開示裁判を用いるケース

　仮処分などでIPアドレスが判明した場合は，当該IPアドレスの運営者に対して契約者情報の開示を求め裁判を提起することとなる[13]。また，権利侵害となる情報の発信者がサーバをレンタルし，当該サーバ上で運営するWebサイト

13　IPアドレスの管理者の調査方法については，第1.1(3)を参照されたい。

74

に情報を発信している場合などであれば，サーバをレンタルしているホスティング会社に契約者情報の開示を求め裁判を提起することとなる。また，例えばAmazonの商品評価欄などのように，権利侵害となる情報がWebサービスのアカウントを用いて発信されており，当該アカウントに氏名や住所などの情報が紐付けされているような場合であれば，アカウントに登録している情報の開示を求め裁判を提起することとなる。

　これらの契約者情報などの開示については，IPアドレスとは異なり，発信者に関する直接的な情報であることや，アクセスプロバイダの保有期間の問題などがないことから，仮処分での開示は認められず，裁判を提起する必要がある。

② 相手方の特定

　IPアドレスの開示を受けている場合は，「IPアドレスの運営者」を相手方として開示裁判を提起することとなる[14]。権利侵害となる情報の発信者がサーバをレンタルし，当該サーバ上で運営するWebサイトに情報を発信している場合などであれば，サーバをレンタルしているホスティング会社に開示裁判を提起することとなる。また，アカウントの登録情報（IPアドレスを除く）の開示を求める場合は，アカウントを提供するWebサービスの運営者を相手方として開示裁判を提起することとなる。

③ 要　件

　契約者などの情報の開示が認められる要件は，仮処分の被保全権利（第2.4(1)③ア）と同様である。仮処分を経て開示裁判を提起している場合は，仮処分の被保全権利の要件で主張したことと同様の内容を主張することとなる。

④ 管　轄

　管轄についても，仮処分と同様（第2.4(1)④）であり，日本の法人を被告と

14　IPアドレスの管理者の調査方法については，第1.1(3)を参照されたい。

する場合は，当該法人の本店所在地を管轄する地方裁判所に開示裁判を提起することとなる。

⑤　開示裁判の留意点

　発信者情報開示が認められる要件については，仮処分と同様である。ただし，開示裁判においては，手続や期間以外でも，仮処分とは異なる点がいくつか存在するため，それらの点に留意する必要がある。

ア　意見照会

　プロバイダ責任制限法第4条第2項では，発信者情報開示請求を受けた開示関係役務提供者（アクセスプロバイダなど）は，「発信者と連絡することができない場合その他特別の事情がある場合を除き，開示するかどうかについて当該発信者の意見を聴かなければならない。」として，発信者に対する意見照会が義務づけられている。開示裁判においては，相手方とするアクセスプロバイダなどは契約者の氏名，住所などの情報を持っており，連絡先の情報を把握している。そのため，アクセスプロバイダに対して開示裁判を提起すると，発信者に対して，発信者情報の開示に同意するか否かの照会を書面などで行うこととなる[15]。

　意見照会に対して発信者がどのように回答するかはまちまちであり，単に不同意とするだけといった回答であれば，開示裁判に及ぼす影響は特段ない。しかし，発信者の中には，不同意の回答のみならず，詳細な資料を添付した上で，自身の発信した情報が開示請求者の権利を侵害しないことを説明してくることがある。アクセスプロバイダとしても，把握している情報は限られていることから，発信者から詳細な回答が来た場合には，当該回答を裁判に証拠として提出し，発信者からの情報も併せた反論を行う。そのため，このような場合には，

15　発信者に対する意見照会は，プロバイダ責任制限法上は，IPアドレスなどの開示を仮処分で求められたアクセスプロバイダにおいても実施する必要はあるが，アクセスプロバイダは発信者に関する情報としてIPアドレスなどしか保有しておらず，「発信者と連絡することができない場合」も多い。

開示請求者である原告において，回答書への反論も併せた詳細な主張，立証を求められることがある。

イ　発信者を特定する情報

　仮処分を経てIPアドレスやタイムスタンプといった情報を入手した場合，開示裁判においては，発信された情報を特定できる情報（URLや投稿内容など）に，開示を受けたIPアドレスやタイムスタンプの情報を加え，アクセスプロバイダに発信者情報の開示を求めることとなる。

　しかしながら，アクセスプロバイダによっては，タイムスタンプの時間帯に複数の契約者に同じIPアドレスを割り当てていることもあり，上記の情報では，発信者を特定することができない，と主張されることがある。そのため，発信者の特定のため，IPアドレスとタイムスタンプに加えて，当該IPアドレスから情報を発信した先の情報として，接続先URLといった情報を追加するよう求められることがある。

　接続先URLについては，投稿を送信できるWebページのソースコードを確認し，formタグのaction属性の値を調べることで把握できることがある。以下，具体例として，「爆サイ.com」（https://bakusai.com/）の掲示板から接続先URLの情報を確認するやり方を紹介する。

　まず，対象の投稿がなされた掲示板のスレッドのページを表示する。爆サイではスレッド内に投稿を送信するフォームが設定されており，投稿内容を入力した上で，「同意して投稿する」をクリックすると，入力した投稿を送信することができる。そのため，対象の投稿がなされたスレッドのページから，接続先URLを調査することができる。具体例として，図73 では，「東京オリンピック予想」というタイトル名のスレッドを表示している。

　図74 が，「東京オリンピック予想」というスレッドの下部に表示される投稿を送信するフォームである。

(図73)　「爆サイ.com」①

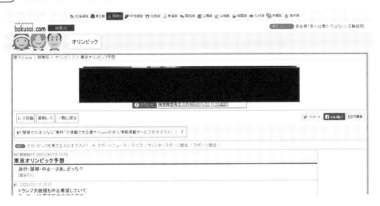

(図74)　「爆サイ.com」②

　投稿を送信するフォームがあるページにおいて，マウスを右クリックして，
「ページのソースを表示」を選択する[16]。(図75)は，「東京オリンピック予想」
のスレッドにおいて上記操作を行い表示させたソースコードである。

16　マウスを右クリックした際に表示される文言は使用しているブラウザにより異なる。

78

図75 「爆サイ.com」③

　表示されたソースコードからformタグのaction属性の値を探す。ブラウザの「検索」機能で，「form action」や「action」といった単語で検索するのが簡便である。図76 は，「東京オリンピック予想」のスレッドのソースコードを，「action」で検索して判明したformタグのaction属性の値である。ここで判明したformタグのaction属性の値は，「/thr_rp1/usp=a3c123b2068t8269911uq70027928/」である。

図76 「爆サイ.com」④

　判明したformタグのaction属性の値が絶対パス（簡単に言うとURLのすべての情報が記載されている場合。「http」や「https」から始まっていれば絶対パスと言える）であれば，当該値が接続先URLである。相対パスやルートパス（簡単に言うとURLの情報が途中から記載されている場合。「http」や「https」以外の単語から始まっていれば相対パスやルートパスと言える）であれば，その他の情報を補完した情報が接続先URLである。

　図76 から判明したformタグのaction属性の値は，「/thr_rp1/usp=a3c123b2068t8269911uq70027928/」であり，これはルートパス（「/」から始まる）と呼ばれるドメイン名を省いた情報である。そのため，ドメイン名までの情報である「https://bakusai.com」と「/thr_rp1/usp=a3c123b2068t8269911uq70027928/」をつなげた「https://bakusai.com/thr_rp1/usp=a3c123b2068t8269911uq70027928/」が接続先URLとなる。

　以上のように，対象の投稿がなされたページから接続先URLを調査することができるが，接続先URLは，複数設定されている場合や，用いる端末などで変化する場合がある。Webサイトの運営者に接続先URLの情報を問い合わせることで回答してもらえることもあるため，上記の方法と併せて，Webサイトの運営者へ確認することをおすすめする。

　接続先URLが判明しない場合や接続先URLを加えても特定できない場合などであっても，発信者を特定可能なその他の情報を提供することで，発信者の特定につながることもある。例えば，同じIPアドレスによる投稿が複数回なされていて，同一犯による投稿と言える事情があれば，複数回の投稿に共通する契約者が1人に特定でき，発信者の情報の開示を受けられる場合もある。

ウ　MVNOの可能性

　判明したIPアドレスを調査してアクセスプロバイダを特定し，当該アクセスプロバイダを相手方として開示裁判を提起したとしても，アクセスプロバイダから開示される発信者の情報が別の通信事業者であることがある。これは，仮想移動体通信事業者（MVNO）といって，NTTドコモやKDDIのように自社で回線を保有している移動体通信事業者（MNO）から回線を借り受けてサービ

スを行う通信事業者がいるためである。そして，MNOとしては，発信者情報の開示を受けたとしても，通常開示できる情報はMVNOの情報に限られることから，せっかく開示裁判を提起したとしても，発信者そのものの情報は得られない上，開示を受けたMVNOを相手方としてもう一度開示裁判を提起する必要があり，印紙代や時間が無駄になってしまうことがある。

　そこで，IPアドレスを調査してアクセスプロバイダを確認した際に，当該アクセスプロバイダがMVNOに回線を貸し出している可能性がある会社であるならば，いきなり開示裁判を提起するのではなく，プロバイダ責任制限法のガイドラインに則った裁判外の発信者情報開示請求を先行させることが有益である。発信者情報開示請求を受けたアクセスプロバイダとしても，IPアドレスを使用していたのが直接の契約者ではなくMVNOであった場合には，その旨を回答してくれることが多い。一方，MVNOに回線を貸し出していない場合であれば，一般的に意見照会を受けた発信者も開示に同意せず，アクセスプロバイダとしても裁判外で開示をすることは基本的にないことから，開示しないとの回答となる。このような回答を受けたのであれば，当該アクセスプロバイダが直接発信者の情報を有している可能性が高いため，当該アクセスプロバイダを相手方として開示裁判を提起することとなる。なお，アクセスプロバイダからの回答で別の通信事業者の情報が開示された場合，当該通信事業者がさらに別の通信事業者に回線を貸し出している可能性もあることから，不開示の回答が来るまで裁判外の発信者情報開示請求を重ねて行うことが重要である。また，裁判外の発信者情報開示請求の書面に，不開示の場合には開示裁判を提起するためアクセスログを保存してもらいたい旨を記載することにより，任意でアクセスログを保存してもらえることも多い。

5　ディスカバリー

⑴　制度概要

近時，インターネット法務の調査方法として，その有効性が認められつつあ

るのが，米国のディスカバリー（Discovery）という制度である。

　一般的に，ディスカバリーは，米国で民事訴訟を提起した後に，公判審理（Trial）の前に実施される証拠開示手続である。

　ところが，民事手続合衆国連邦法典第28編1782(a)（標題「外国及び国際法廷並びにその当事者のための援助」）を利用することで，日本において訴訟提起を予定する者は，米国で別途訴訟提起を予定していなくても，ディスカバリーを活用して，簡易迅速に米国企業からアカウント情報の開示を受けることが可能となっている。

　インターネットサービスの多くがGoogle，Facebook，Twitter，クラウドフレア社など多くの米国企業により提供されている反面，残念ながら，これらのサービスが権利侵害にも活用されることは少なくない。

　こうした米国企業に対して，そのアカウントに係る情報の開示を求めることができる点にディスカバリーを活用するメリットが認められる。

(2)　要　件
①　実体的要件
　合衆国連邦法典第28編1782(a)は，裁判所による開示命令の要件として，以下の３つを規定している。

ア　申立人が利害関係人であること（it is an "interested person" in a foreign proceeding,)

イ　ディスカバリーが外国裁判所での手続のために用いられること（the proceeding is before a foreign "tribunal," and)

ウ　証拠開示を求められている者（以下「開示対象者」という）が裁判所の管轄内にいること（the person from whom evidence is sought is in the district of the court before which the application has been filed.)

　以上の法律上の３要件を満たした場合であっても，開示命令を出すか否かは

裁判所の裁量となっている（The district court . . . may order）。

　そこで，いかなる場合に開示命令が出されるかについては，連邦最高裁が以下の4つの考慮要素を示しているため，実務上，これらの要素を考慮して開示命令を出すか否かが判断される傾向にある。

（ア）　開示対象者が当該外国裁判の参加者か
（イ）　外国裁判所が連邦裁判所の司法援助を受け入れるか
（ウ）　外国の証拠収集制限などを潜脱する意図があるか
（エ）　開示対象の「範囲」が開示対象者にとって不当に侵害的または煩雑なものか

② 手続の流れ
　一般的な手続の流れは，以下のとおりである。

i　連邦裁判所に対して開示命令を求める申立書（Ex Parte（当事者一方だけ）Application）の提出
ii　裁判所からの命令（Order Re Ex Parte Application For Discover）
iii　当事者から開示対象者へ召喚状（Subpoena）と命令の送付
iv　開示対象者が，アカウント保有者へ開示に同意するかの照会
v　開示対象者から異議がなければ，開示対象者からアカウント情報の開示

　国内の発信者情報の開示命令を求める仮処分手続でも同様であるが，実際には裁判官および開示対象者の対応によって，手続の進捗は大きく異なる。
　例えば，裁判官が申立てに理由があると判断した場合には申立てから最短即日で命令が出されることもあれば，何度か面接を設定されることもある。
　また，裁判官がアカウント保有者のプライバシー保護の必要性があると判断した場合には，開示対象者およびアカウント保有者からの異議がないiiの段階で早々に申立てが棄却される場合もある。

　さらに，認容命令に従って粛々とⅲ～ⅴの手続を進める開示対象者がいる一方で，積極的に異議を出して争ってくる開示対象者もいる。

(3)　ディスカバリー制度の利点
　ディスカバリーを利用する実務上の利点は，現在のところ以下のとおりである。

①　開示対象の範囲
　国内での発信者情報の開示請求権は，プロバイダ責任制限法に基づくものであるところ，同法第4条第1項は，開示請求権について，「情報の流通によって自己の権利を侵害されたとする者は，……発信者情報……の開示を請求することができる。」と規定しており，「情報の流通による」権利侵害を要件とする。換言すれば，メールやダイレクトメッセージによる脅迫などの権利侵害はこの要件を満たさないと解釈される余地がある。
　他方で，ディスカバリーには，このような限定はないので，脅迫行為に使われたGmailのアカウントに登録された情報も開示の対象になり得る。

②　開示情報の範囲
　プロバイダ責任制限法に基づく開示情報の範囲は，「特定電気通信役務提供者の損害賠償責任の制限及び発信者情報の開示に関する法律第四条第一項の発信者情報を定める省令」の第1号から第7号までに列挙された事項に限られる。
　他方で，ディスカバリーにはこのような限定がないため，例えば，アカウント情報としてクレジットカード情報が登録されていれば，その情報も開示対象となり得るのである。
　実務上特に有用な情報としては，電話番号である。もちろん虚偽の情報が登録されている可能性は否定できないものの，昨今では電話番号で認証コードを受信する認証システムを採用しているサービスが多いので，電話番号として真正な情報が登録されていることも多い。

電話番号が開示された場合に，弁護士会照会により，当該番号の契約者情報を求めることで，契約者の氏名や住所といった情報の入手が可能となる。

③ 手続の簡易迅速性

仮にGoogle Maps上に名誉毀損表現が投稿された事例で発信者情報を特定する手続を例に比較すると，国内の手続の場合，まずは，Googleを債務者として，IPアドレスの開示を求めて仮処分手続を起こすことになる。この場合，米国法人を相手とするので，国内法人を相手方とする場合に比して，資格証明書の取得および送達について時間がかかるほか，申立書の英訳などの手間がかかる。

さらに，同手続で開示対象となるのはIPアドレス（およびそのタイムスタンプ）に限られるため，その後に，当該IPアドレスを管理するアクセスプロバイダに対して改めて発信者情報開示請求訴訟を起こす必要がある。

最終的に発信者の氏名・住所といった情報を取得するまでに，おおよそ半年程度が見込まれる。

他方で，ディスカバリーの場合，申立てから最短で3週間程度でアカウント情報が開示されることがある。しかも，その情報の中には，登録さえあれば，電話番号やクレジットカード情報も含まれる。

クレジットカード情報であれば，事実上その段階で発信者を特定できることがあるし，電話番号であっても，あとは上記のとおり弁護士会照会により契約者情報を入手することが可能となる。

そうなると，国内の手続に比較して，より簡易迅速に発信者情報を入手できるという利点がある。

第2章　実践編

第3 事例別調査手法

1 海賊版サイト

(1) 特 徴

本項では，海賊版サイトの調査手法を紹介する。

海賊版サイトとは，著作権法に違反してコピーされた書籍，動画，音楽など
が不特定多数の者に公開されているWebサイトをいい，2018年4月13日に知
的財産戦略本部・犯罪対策閣僚会議により「インターネット上の海賊版サイト
に対する緊急対策」決定がなされている。

一般社団法人コンテンツ海外流通促進機構によると，2017年9月から2018年
2月までの間で海賊版サイトにより約4,000億円の損失が著作権者側に生じて
いるとされている。

この海賊版サイトは，「漫画村」に代表されるように漫画に係る著作権侵害
のサイトが有名であるが，被害は漫画に限られず音楽，映画，アニメ，学術論
文などあらゆる著作物が海賊版サイトの被害を受けている。

海賊版サイトの運営には，大きく2つの課題がある。

1つは，本来は有償で頒布されている著作物を無料で公開しており，閲覧者
数が多くなる傾向にあることから，サーバへの大量のアクセスに伴う過負荷を
避ける必要が生じる点である。

もう1つは，海賊版サイトの性質上，著作権侵害行為を伴うことは明らかで
あるから，運営者としては，法的責任の追及を避けるべく，その素性を隠す必
要性が高いという点である。

これら2つの課題を解決するために，クラウドフレア社をはじめとする
CDNサービスを利用することが多い。CDNサービスを利用することにより，
海賊版サイトを蔵置したオリジナルのサーバへの過負荷を分散させるとともに，

CDNサービスのキャッシュサーバが隠れ蓑となって，オリジナルサーバのIPアドレスを隠すことができるからである。

(2)　法的整理

海賊版サイトに伴う法律関係を整理すると，まずもって著作権侵害が問題となる。

海賊版サイトの運営者（本項において以下単に「運営者」という）が，著作物を電子ファイルとして複製する行為は複製権侵害に該当するし（著作権法第21条），当該電子ファイルをサーバにアップロードする行為は，公衆送信権侵害（同法第23条第1項）に該当することとなる。

また，運営者がCDNサービスを利用している場合，オリジナルのサーバに著作物に係る電子ファイルをアップロードすると，自動的に，CDNサービスのキャッシュサーバが同ファイルをコピーしたキャッシュファイルを作成し，キャッシュサーバから公衆の閲覧に供されている。

CDNサービスの行為が複製および公衆送信の各過程に介在するとはいえ，それらは自動的になされるものであり，そのCDNサービスを運営者が自発的に利用している以上は，運営者の複製権侵害および公衆送信権侵害が否定されることにはならないであろう。

(3)　調査手法

一般に海賊版サイトは以下のような構成をとる。

海賊版に限らずWebサイトを運営するにあたっては，①ドメインを取得し，②Webサイトを蔵置するサーバを用意し，③Webサイトのデザインやアクセス解析のために外部のソフトウェアをライセンスして利用し，④さらに収益を上げるために広告を掲載する。この4点において，それぞれ契約関係が存在し，契約が成立する以上，契約の相手方には，Webサイト運営者に関する情報が残ることになる。これらをそれぞれ調査することで，海賊版サイトの運営者の特定に資する情報へとつながる。

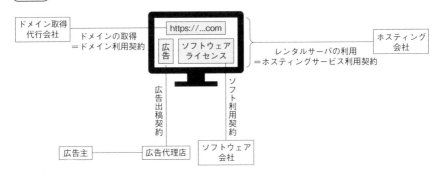

図77　海賊版サイトの構成

　なお，実際に運営者の特定に至るには，いずれかの調査１つだけで達成できることは稀であり，各調査で判明する運営者に関する断片的な情報を積み上げて，複合的・重畳的に調査を進めていくこととなる。

① ドメイン情報

　ドメインを取得するためには，ドメイン取得代行会社との間で利用契約を締結することとなる。

　このドメインの利用契約においては，一般的に一定期間（数カ月単位または年単位）ごとに利用料をクレジットカードで支払う仕組みとなっている。そうすると，ドメイン取得代行会社は，少なくともドメイン取得者たる運営者のクレジットカード情報を保有していることになる。

　このドメイン取得代行会社からクレジットカード情報を確実に開示させる手段はないが，国内の会社であれば，弁護士会照会を試す価値があるし，捜査機関の協力を得て入手することも考えられる。

　また，ドメインの特殊性として，取得者の氏名，住所，電話番号といった情報は，Whoisの登録者情報として，一般に公開されている。

　仮に調査時点では，ドメイン取得代行会社が提供するWhois情報公開代行サービスが利用された結果，登録者情報が非公開になっていても，過去のある

時点では公開されており，事後的に非公開になった可能性もある。なぜなら，ドメイン取得当初は，権利侵害の目的がなかったまたは警戒心が乏しかったものの，Webサイトの人気が増したので，次第に違法性の強い内容へと変化させていったような場合には，ドメインを取得した過去の時点においては，登録者情報を非公開にするインセンティブが低かったからである。

　また，特に古くから利用されているドメインにおいては，過去の時点で有用な情報が残っていることが多い。その理由は，過去に遡るほど，現在ほどにはWhois情報公開代行サービスが浸透しておらず，非公開にする方法を知らなかった場合が多いからである。

　そこで，DomainToolsを利用して，過去の登録者情報を調査することが有用である（DomainToolsの詳細については第1.2(4)を参照されたい）。

　さらに，海賊版サイトによく見られる特徴として，同一の運営者が複数の海賊版サイトを運営していることがある。ある海賊版サイトが成功すれば，その運用モデルを別のコンテンツに転用するだけで，さらなる収益の拡大を図ることが可能となるからと推察される。この場合，複数のサーバを用意し，そこにそれぞれのドメイン名を紐付けた海賊版サイトを用意する。例えば，漫画を扱う海賊版サイトには「manga_kaizoku.com」，アニメを扱う海賊版サイトは「anime_kaizoku.com」といったドメインを利用する。

　一般的に，運営者が利用するサービスが多ければ多いほど，それだけ運営者の特定に資する痕跡が残っている可能性が高い。もちろん，周到な運営者であれば，それでも痕跡がみつからないことはあるものの，人が行う行為である以上，人為的なミスが生じる可能性はゼロではない。

　上記のような海賊版サイトの特徴を踏まえ，1つひとつのドメインを精査していくことになる。

　例えば，「manga_kaizoku.com」というドメイン名の海賊版サイトがあった場合，まずWhois検索を行う。ただし，「manga_kaizoku.com」の現在の登録者情報をWhois検索しても，当然のことながら運営者は登録情報を非公開としているはずなので，「DomainTools」を利用して過去の登録情報もすべて調査

する。その結果，その初期の登録段階において，登録者（Registrant）の連絡先として「contact_kaizoku@gmail.com」というEmailアドレスが連絡先アドレスとして公開されていたことが判明する。

　次はこの「contact_kaizoku@gmail.com」をもって，このアドレスが連絡先アドレスとして登録されていたドメインがないかをReverse Whois検索（第1.2(3)参照）を利用して調査する。その結果，「manga_kaizoku.com」のほか，「anime_kaizoku.com」のドメインも「contact_kaizoku@gmail.com」を連絡先アドレスとして登録していたことが判明する。

　この時点で，ドメイン名「manga_kaizoku.com」から成る漫画の海賊版サイトの運営者は，ドメイン名「anime_kaizoku.com」から成るアニメの海賊版サイトをも運営している可能性が高いことが判明する。

　そこで，再びドメイン名「anime_kaizoku.com」について，「DomainTools」を利用して過去の登録情報もすべて調査すると，その初期の段階において「090」から始まる電話番号が公開されていることが判明する。

　最後に，この電話番号について弁護士会照会によりその契約者情報を確認すると，具体的な氏名・住所が開示されるという流れである。

　上記の一連の流れは一例であり，その過程において調査が行き詰まることも少なくないが，この過程の繰り返しの果てに，運営者の特定に資する有用な情報にたどりつくこともあるのである。

② 　サーバ情報

　サーバについては，自前で用意しない限り，ドメインと同様に，外部のホスティング会社と利用契約を締結して，サーバをレンタルして利用する。そのため，ホスティング会社は，Webサイトの運営者に係る契約者情報を保有している。

　そして，ホスティング会社は「特定電気通信の用に供される特定電気通信設備を用いる特定電気通信役務提供者」（プロバイダ責任制限法第4条第1項）に該当することから，Webサイトの運営者が違法なコンテンツによって第三者

の権利を侵害している場合，ホスティング会社に対して，同項に基づいて，当該運営者に関する情報を開示請求することが可能である。

　また，ドメインと同様，ホスティングサービス契約においては，一般的に一定期間（数カ月単位または年単位）ごとに利用料をクレジットカードで支払う仕組みとなっている。そうすると，ホスティング会社は，少なくともWebサイト運営者たる海賊版サイト運営者のクレジットカード情報を保有していることになる。

　では，海賊版サイトの運営者が海外のCDNサービスを利用している場合は，どうか。

　クラウドフレア社のサービスを例にとると，そのCDNサービスを利用するためには，（図78）のとおり，メールアドレスとパスワードをもってアカウントを作成することが必要であることがわかる。また，少なくともアカウント作成時およびログイン時において，クラウドフレア社のサーバに運営者のIPアドレスが記録されていると推測できる。

（図78）　クラウドフレア社のCDNサービス①

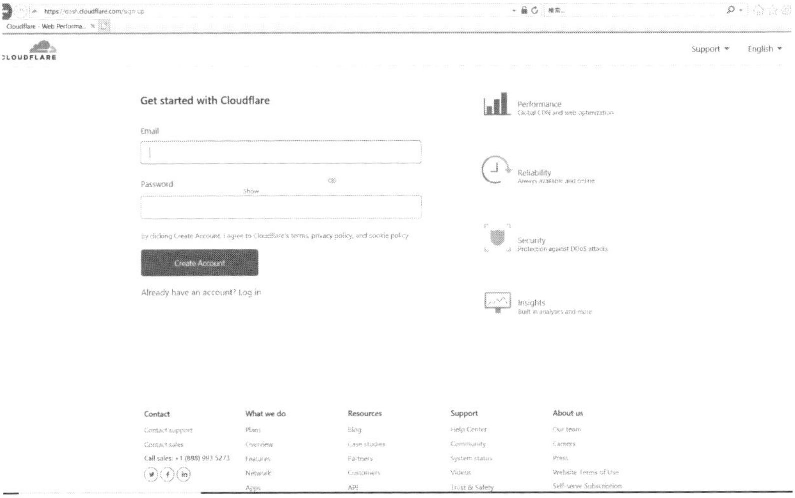

さらに，アカウントを作成すると，（図79）のとおり，次のようにプランを選択でき，有料プランが存在することがわかる。一般に，個人で利用する場合は，無料プランで足りるであろうが，有名な海賊版サイトのように，多数のアクセスが推定されるWebサイトであれば，有料プランを利用していることが推測される。

（図79）　クラウドフレア社のCDNサービス②

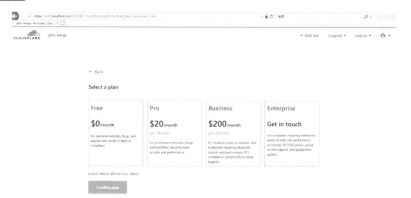

そこで，有料プランを選択すると，（図80）のとおり，クレジットカードによる決済画面が現れるため，運営者は，有料プランの利用にあたってクラウドフレア社にクレジットカード情報を入力しており，換言すれば，クラウドフレア社はクレジットカード情報という価値の高い情報を保有していることがわかる。

以上を踏まえると，クラウドフレア社は，運営者のメールアドレス，パスワード，IPアドレス，クレジットカード情報を保有していることがわかる。

そこで，次に検討すべきは，これらの情報をクラウドフレア社から入手する方法である。

1つは，プロバイダ責任制限法に基づいて開示請求をする方法，もう1つは，クラウドフレア社が所在する米国の連邦地方裁判所においてディスカバリー（Discovery）という制度（第2.5参照）を用いて入手する方法である。

図80 クラウドフレア社のCDNサービス③

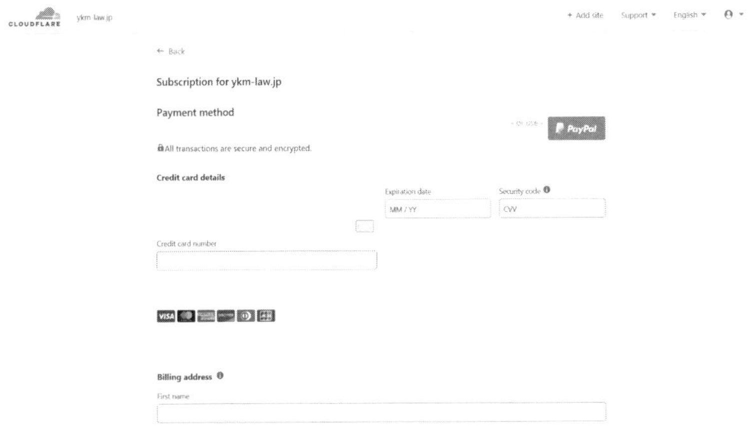

　前者は，国内の手続を利用できる反面，米国法人を相手方とするため管轄や送達の問題が生じるほか，プロバイダ責任制限法に基づく以上，開示を求める範囲も省令で定める範囲に限定される[17]。

　後者は，米国の手続を利用することのハードルを伴うものの，これまで扱った事案においては，クレジットカード情報の開示も受けており，その効果は高いと言える。

③　ソフトウェアライセンス情報

　Webサイトを構築・運営するにあたっては，自前でゼロから構築することは少なく，外部のソフトウェアをライセンスにより利用することが少なくない。

　例えば，あらかじめ用途別のデザインを用意してくれており，あとはそこに文字や文章を入力するだけでブログを利用できるサービスであったり，Webサイトのセキュリティを高めてくれるサービスであったり，Webサイトの閲覧者数や滞在時間を解析してくれるサービスがある。

17　特定電気通信役務提供者の損害賠償責任の制限及び発信者情報の開示に関する法律第四条第一項の発信者情報を定める省令第1号から第7号まで。

　特に，営利目的の海賊版サイトになると，どのコンテンツが人気があるのかを把握したり，集中するアクセス数を解析して相応のサーバの性能を検討したりする必要があるため，アクセス解析の重要性は高い。

　そこで，よく利用されるのが，Googleが提供する「Google Analytics」である。調査手法の詳細は，第1.4(3)のとおりであるが，問題となるWebサイトをGoogle Chromeで開いて，キーボード上の「F12」を押すと，デベロッパーツールという機能を利用することができ，そこの「Sources」欄に「www.google-analytics.com」という表示があれば，同サイトは，「Google Analytics」を利用していることがわかる。

　そして，このツールを利用するためには，メールアドレスまたは電話番号をもってGoogleのアカウントを作成する必要があるほか，有料版を利用する場合には，クレジットカードによる決済となるため，Googleは，上記の情報に加え，クレジットカードの決済情報（氏名，住所，カード番号など）を保有している可能性が高い。

　では，次に検討すべきは，いかにしてGoogleからこれらの情報を取得するかであるが，ディスカバリーにより「Google Analytics」の利用者の情報開示を求めることが考えられる。

④　広告から判明する情報

　海賊版サイトを運営する動機の1つには，高額な広告収入が挙げられる。すなわち，明らかな法的リスクがあるにもかかわらず運営者が海賊版サイトを運営するのは，運営者の主観において法的リスクを上回るほどの額の広告収入が期待できるからである。

　Web広告を単純化してみると，広告料を払う代わりに自社の商品またはサービスの広告をWebサイト上に表示してもらうことを望む広告主，当該広告を表示するWebサイトの運営者，および広告主とWebサイトの運営者をつなぐ広告代理店の三者がかかわっている。

　ここで重要なのは，海賊版サイトの運営者と広告代理店との間の広告出稿契

約である。すなわち，契約が存在する以上，広告代理店は，海賊版サイトの運営者に関する何らかの情報を把握しているはずである。

　多くのWeb広告においては，Webサイトから登録するため，氏名および住所などは偽装が容易であるが，着目すべきはWebサイトの運営者が最も欲する広告料である。広告料が広告代理店から支払われる以上，広告代理店としては，振込先として，海賊版サイトの運営者の口座情報を把握しており，この口座情報は偽装が容易ではないことから，運営者の特定につながる情報である可能性が高い。

　そこで，海賊版サイト上に表示される広告に係る広告代理店を把握することで，海賊版サイトの運営者に係る情報が調査可能となる（Web広告に関する個別の調査手法については第1.4.(2)を参照されたい）。

2　ステマ（逆ステマ）・口コミサイト

(1)　特　徴

　ステマ・口コミサイトとは，一般ユーザーからの「口コミ」かのように巧妙に偽装して，自社の商品・サービスの評価を上げるステルスマーケティング（Webサイトの閲覧者や消費者にマーケティングや宣伝広告であると気づかれないようにして行う宣伝行為を言い，略して「ステマ」と言われる）となる投稿を行うサイトをいい，逆に，競合他社の商品・サービスの評価を下げる投稿（いわゆる「逆ステマ」）を行う逆ステマ・口コミサイトもある。

　ある商品・サービスを製造・販売する事業者自身がサイトを運営することもあるが，その依頼を受けて，専門の業者がサイトを開設・運営することもある。

(2)　法的整理

　ステマ・口コミサイトの投稿内容が，商品・サービスの品質を，実際よりも優れていると偽って宣伝したり，競争業者が販売する商品・サービスよりも特に優れているわけではないのに，あたかも優れているかのように偽って宣伝す

る行為である場合，または，他の商品・サービスの取引条件よりも特に安価な
わけではないのに，あたかも有利であるかのように偽って宣伝する行為である
場合，不当景品類及び不当表示防止法（以下「景品表示法」という）第5条第1
号の「優良誤認表示」または同条第2号の「有利誤認表示」として禁止される
行為とされ，行政処分の対象となり得る。さらに，これらの行政処分に従わな
い場合には，刑事処罰を受ける可能性がある。また，自己の商品・サービスの
品質などについて需要者に誤認させるような表示は，不正競争防止法第2条第
20号の「不正競争」として民事上も違法な行為とされる。

　逆に，いわゆる逆ステマ・口コミサイトの場合は，その口コミが競合他社の
社会的評価を低下させると評価される場合，名誉権侵害として違法な行為とさ
れ，刑事上も名誉毀損罪（刑法第230条）または侮辱罪（刑法第231条）に該当し
得るほか，偽計業務妨害罪（刑法第233条）にも該当し得る。

(3)　調査手法

　ステマ（逆ステマ）・口コミサイトもWebサイトである以上，基本的には，
その構造および調査方法は海賊版サイト（第3.1）と同様である。すなわち，
Webサイトを用意するにあたって，①ドメインを取得し，②Webサイトを蔵
置するサーバを用意し，③Webサイトのデザインやアクセス解析のために外
部のソフトウェアをライセンスして利用し，④広告を表示させる。

　ステマ（逆ステマ）・口コミサイトが，海賊版サイトのように海外のCDNサー
ビスを利用しておらず，国内のホスティング会社からレンタルしたサーバ上で
Webサイトを運営している場合には，当該ホスティング会社に対して，プロ
バイダ責任制限法に基づいて運営者に関する情報の開示を求めることが可能で
ある。例えば，逆ステマ・口コミサイトにより自社の商品やサービスの評価を
下げる投稿がなされた場合には，名誉権侵害という権利侵害を理由として発信
者情報開示請求が考えられる。

　一方で，ステマ・口コミサイトでは，景品表示法違反があっても同法は消費
者保護のための法律であるので，行政処分の対象になるにすぎず，当該サイト

を誰が運営しているかわからない状況では，不正競争防止法違反を理由に発信
者情報開示請求をするのは困難である。もっとも，東京地裁平成26年12月18日
判決[18]では，Webサイトのドメインの登録者の名称などから，原告の競合他社
である「訴外会社又はその関係者など訴外会社商品の販売に関わる者」がその
ステマ・口コミサイトを作ったものと認定した上で，不正競争防止法違反を理
由に発信者情報開示請求が認められた。

3　フィッシングサイト

(1)　特　徴
　フィッシングサイトとは，ユーザーを偽のWebサイトに誘導して，ログイ
ン情報，住所，氏名，銀行口座番号，クレジットカード番号といった個人情報
を入力させて，不正にこうした情報を窃取するサイトのことをいう。
　ユーザーをして正規のサイトと誤信させる必要があるため，Webサイトの
デザインのみならずドメイン名をも正規サイトに似せる傾向にある。

(2)　法的整理
　フィッシング行為によりIDやパスワードから成るログイン情報を取得する
場合は，「識別符号の入力を不正に要求する行為」として不正アクセス行為の
禁止等に関する法律（以下「不正アクセス禁止法」という）第7条および第12条
第4号で処罰の対象とされている。
　また，フィッシング行為によりクレジットカード番号などの情報を窃取した
場合は割賦販売法第49条の2第2項本文により処罰され得る。
　さらに，フィッシング行為により，不正に取得した情報を利用して他人のア
カウントにログインする行為は不正アクセス行為（不正アクセス禁止法第3条）
に該当するほか，不正アクセスした銀行口座から送金したような場合には，電

18　裁判所HP知財裁判例集・平成26(ワ)18199。

子計算機使用詐欺罪にも該当する（刑法第246条の２）。

⑶　調査手法

　フィッシングサイトもWebサイトである以上，基本的には，その構造および調査方法は海賊版サイト（第3.1）と同様である。すなわち，Webサイトを用意するにあたって，①ドメインを取得し，②Webサイトを蔵置するサーバを用意し，③Webサイトのデザインやアクセス解析のために外部のソフトウェアをライセンスして利用する。ただし，Webサイトはあくまでユーザーを誤信させて，情報を不正に取得するためのものであり，当該Webサイトから広告収益を上げる目的はないことから，④広告が表示されることはほとんどない。

　そこで，ドメイン，サーバおよびライセンスを受けているソフトウェアのサービスから調査をすることになる。

　各調査方法は，海賊版サイトの項に譲るとして，フィッシングサイト特有の点を以下に架空の事例を用いて紹介する。

　フィッシングによく見られる特徴として，特定のサーバ，すなわち特定のIPアドレスを用意の上，そこに様々なドメイン名を紐付けてそれぞれのフィッシングサイトを用意する。例えば，自然災害の義援金を集うサイトに模したフィッシングサイトを例にとると，IPアドレスを「192.31.105.159」とする海外に所在するサーバを１つ用意した上で，台風災害のときは「taifu_gienkin.com」，地震災害のときは「jishin_gienkin.com」などの別のドメイン名を紐付けることがある。

　一般的に，Webサイトの運営者が利用するサービスが多ければ多いほど，それだけ運営者の特定に資する痕跡が残っている可能性が高い。もちろん，周到な運営者であれば，それでも痕跡がみつからないことはあるものの，人が行う行為である以上，人為的なミスが生じる可能性はゼロではない。

　上記のようなフィッシングサイトの特徴を踏まえ，１つひとつのドメインを精査していくことになる。

　例えば,「taifu_gienkin.com」というドメイン名のフィッシングサイトがあっ

た場合，aguse（利用方法については第1.1(3)）を利用して，そのIPアドレス「192.31.105.159」を正引きする。次に，「192.31.105.159」から，ドメイン名を再び逆引きするが，その際に，過去に遡って逆引き情報を取得できる「RISKIQ」（第1.1(5)）を利用する。そうすると，現時点では，「taifu_gienkin.com」というドメイン名に紐付いているIPアドレス「192.31.105.159」は，過去において，「jishin_gienkin.com」および「ooame_gienkin.com」というドメイン名に紐付いていたことが判明する。同じ「gienkin」という文字列から同じ運営者が利用していたドメイン名という推測がつく。

　そこで，次は，「taifu_gienkin.com」，「jishin_gienkin.com」および「ooame_gienkin.com」という3つのドメイン名について，Whois検索を行う。現在利用されている「taifu_gienkin.com」をWhois検索しても，登録情報は非公開となっているはずなので，「DomainTools」を利用して過去の登録情報もすべて調査する。その結果，一番古いドメインである「ooame_gienkin.com」について，その初期の登録段階において，「info@fishing.jp」というEmailアドレスが連絡先アドレスとして公開されていたことが判明する。

　そうすると，次はこの「info@fishing.jp」をもって，このアドレスが連絡先アドレスとして登録されていたドメインがないかをReverse Whois検索（第1.2(3)）を利用して調査する。その結果，「ooame_gienkin.com」のほか，「umi.jp」というドメインも「info@fishing.jp」を連絡先アドレスとして登録していたことが判明する。

　そこで，再びドメイン名「umi.jp」について，「DomainTools」を利用して過去の登録情報もすべて調査すると，その初期の段階において「090」から始まる電話番号が公開されていることが判明する。

　最後に，この電話番号について弁護士会照会によりその契約者情報を確認すると，具体的な氏名・住所が開示されるという流れである。

　上記の一連の流れは一例であり，その過程において調査が行き詰まることも少なくないが，この過程の繰り返しの果てに，運営者の特定に資する有用な情報にたどりつくこともあるのである。

4 類似ドメインサイト

⑴ 特 徴

類似ドメインサイトとは，オリジナルサイトのドメイン名と類似したドメイン名を取得し，オリジナルサイトの顧客吸引力や信用を利用して，ユーザーや閲覧者を集めるサイトである。

ドメイン名を他のサイトと似せる手法は，前述のフィッシングサイトでも使用されるが，それだけに限られないものである。ドメイン名の登録は無審査であり，先に登録した者が優先されることから，これを悪用して，後で高額で売りつけるために他人の商標やブランド名を取得する行為が行われることもある。

⑵ 法的整理

不正競争防止法第2条第1項第19号は，不正の利益を得る目的または他人に損害を加える目的で，他人の特定商品等表示と同一または類似のドメイン名を使用する権利を取得・保有し，またはそのドメイン名を使用する行為を「不正競争」の一類型として禁止しており，オリジナルサイトの運営者は，その行為を差し止めることができるほか（差止請求権），損害賠償の請求（損害賠償請求権）や謝罪広告の請求（信用回復措置請求権）などができる。また，そのドメイン名の使用が商標権侵害を構成する場合にも，同様に，その行為を差し止めることができるほか（差止請求権），損害賠償の請求（損害賠償請求権）や謝罪広告の請求（信用回復措置請求権）などができる。

もっとも，上記の差止請求権の内容として，ドメイン登録の抹消請求はできると考えられているが，当該ドメイン名の自己への移転請求は認められていない。また，裁判手続で上記の各請求権を実現するためには多くの時間と費用を要することになってしまうし，類似ドメインサイトの運営者が海外に所在する場合には裁判手続で得た判決を執行することも困難である。そこで，不正な目的によるドメイン名の登録や使用に関して，迅速にトラブルを解決する手続として，権利者からの申立てに基づいてそのドメイン名の取消または移転を実現

するためのドメイン紛争処理手続が用意されている。

「.jp」ドメインにおいては，一般社団法人日本ネットワークインフォメーションセンター（JPNIC）が定めたJPドメイン名紛争処理方針（JP-DRP）が適用される紛争処理手続[19]を日本知的財産仲裁センターに，「.com」「.net」などのトップレベルドメインにおいては，ICANNが策定した統一ドメイン名紛争処理方針（UDRP：Uniform Domain Name Dispute Resolution Policy）が適用される紛争処理手続[20]をWIPO（世界知的所有権機関）の仲裁調停センターなどの紛争処理機関に，それぞれ申し立てることができる。なお，JPドメイン名紛争処理方針（JP-DRP）は，統一ドメイン名紛争処理方針（UDRP）をモデルとして策定されたものであるため，その内容は類似している。

(3)　調査手法

類似ドメインサイトもWebサイトである以上，基本的には，その構造および調査方法は海賊版サイト（第3.1）と同様である。すなわち，Webサイトを用意するにあたって，①ドメインを取得し，②Webサイトを蔵置するサーバを用意し，③Webサイトのデザインやアクセス解析のために外部のソフトウェアをライセンスして利用し，④広告を表示させる。

類似ドメインサイトに悩まされる者としては，そのサイト運営者に対する損害賠償請求を行うことに拘らなければ，必ずしもそのサイト運営者を特定するための調査を行う必要はないとも言える。

上記のJPドメイン名紛争処理方針（JP-DRP）や統一ドメイン名紛争処理方針（UDRP）に基づく迅速な手続により，ドメイン名の取消または自己への移転を実現できるからである。すなわち，これらの紛争処理手続は，登録者の氏

19　手続の内容は，日本知的財産仲裁センター（https://www.ip-adr.gr.jp/business/domain/）や一般社団法人日本ネットワークインフォメーションセンター（https://www.nic.ad.jp/ja/drp/）に詳しい記載がある。
20　WIPO仲裁調停センターは，日本語でも統一ドメイン名紛争処理方針（UDRP）についてのガイダンスを提供している（https://www.wipo.int/amc/ja/domains/guide/index.html）。

名・名称や住所を特定せずとも，申立てを行うことができる。これらの紛争処理手続では，登録者の連絡方法を指定する必要はなく，申立書には対象とするドメイン名およびそのドメイン名が登録されている登録機関を記載すればよく（ドメイン名紛争統一処理方針のための手続規則（以下「UDRP手続規則」という）第3条，JPドメイン名紛争処理方針のための手続規則（以下「JPドメイン名紛争処理手続規則」という）第3条），紛争処理機関において被申立人が現実に認識し得るような合理的に利用可能な手段を講じる義務を負うとされている（UDRP手続規則第2条，JPドメイン名紛争処理手続規則第2条）。そして，類似ドメインサイトの悪用事例では被申立人（類似ドメインの登録者）から反論なく手続が終了することも少なくないからである。

　他方で，これらの紛争処理手続を通じて，類似ドメインの登録者情報が明らかとなることもある。すなわち，申立書を受領した登録者は，手続開始日から20日（営業日）以内に，答弁書を紛争処理機関に提出しなければならず，答弁書では，登録者およびその代理人の氏名，事務所などの名称，郵送先住所，電子メールアドレス，電話番号およびファクシミリ番号が必要的記載事項とされているため（UDRP手続規則第5条，JPドメイン名紛争処理手続規則第5条），答弁書の記載から登録者の有用な情報が判明することがある。

第3章　書式集

第4 CDNサービスに対する仮処分手続

1 申立書

仮処分命令申立書

令和○年○月○日

東京地方裁判所　民事部　御中

債権者代理人弁護士　○　○　○　○

当事者の表示　　　　　　　　　　別紙当事者目録記載のとおり
仮処分により保全すべき権利　条理上の削除請求権，発信者情報開示請求

申立の趣旨

1　債務者は，別紙投稿記事目録記載の投稿画像を仮に削除せよ。
2　債務者は，債権者に対し，別紙発信者情報目録記載の各情報を仮に開
　　示せよ。

申立の理由

第1　当事者等
1　当事者
　（1）債権者
　　　債権者は，▲▲という名称で漫画家として活動している自然人である。
　（2）債務者
　　　債務者は，コンテンツデリバリーネットワークやインターネットセ
　　キュリティサービスを提供する米国法人である。

2　本件画像

　氏名不詳者は，別紙投稿記事目録記載の閲覧用URLで表示されるWebサイト（以下「本件元サイト」という。）に対して，別紙著作物目録記載の投稿画像（以下「本件画像」という。）をアップロードし，別紙投稿記事目録記載の投稿画像を発信した（疎甲1：本件Webサイト）。

　また，氏名不詳者は，債務者の提供するコンテンツデリバリーネットワークサービスを利用するべく，債務者のWebサイトにアクセスのうえ，メールアドレス及びパスワードをもってアカウントを作成した。

　その結果，本件画像は，その電子ファイルが本件元サイトのサーバに蔵置されるほか，そのキャッシュファイルが債務者の提供するサーバに蔵置され，債務者の管理するWebサイト（以下「本件Webサイト」という。）上において，不特定多数の閲覧に供されている（疎甲2：ホスティングサーバ情報）。

　そして，本件Webサイトを利用するためには，債務者のWebサイト上においてメールアドレス及びパスワードにより作成したアカウントにログインする必要がある（疎甲3：債務者のログイン画面）。

第2　被保全権利

1　削除請求権

（1）債権者が本件画像に係る著作権を有していること

　　本件画像は，債権者が作成して債権者自身の運営するWebサイトに掲載していたものであり（疎甲4：債権者Webサイト），債権者が本件画像に係る著作権を有する。

（2）氏名不詳者が債権者の著作権を侵害していること

　　本件画像は，氏名不詳者によって，複製され，本件元サイトにアップロードされ，氏名不詳者が債務者の提供するサービスを使用することにより，本件元サイトのキャッシュファイルが債務者の提供する

サーバに蔵置される結果，債務者によって，本件サイトにおいて公衆の閲覧に供されている。

したがって，氏名不詳者は，債権者の本件画像に係る複製権（著作権法第21条）及び公衆送信権（著作権法第23条第1項）を侵害している。

なお，債権者は，そのWebサイトにおいて，同Webサイトにおける文章及び画像の著作権を留保していることを示しているところ，債権者は，債務者又は氏名不詳者に対して，本件画像に係る複製及び公衆送信について許諾したことはなく，当該著作権侵害について，氏名不詳者に故意又は過失があることは明らかである。

（3）差止請求権

よって，債権者は氏名不詳者に対し，著作権侵害に基づく差止請求権（著作権法第112条第1項）を有するものである。

（4）削除請求権

そして，上記のとおり，上記著作権侵害に係る本件画像のキャッシュファイルが債務者の提供するサーバに蔵置され，債務者の管理する本件Webサイト上において，不特定多数の閲覧に供されているから，債務者においては当該キャッシュファイルについて条理上の削除義務が認められ，債権者は債務者に対し，条理上の削除請求権を有するものである。

2　発信者情報開示請求権

（1）特定電気通信役務提供者及び開示関係役務提供者

本件画像は，本件Webサイト上において，不特定の者が自由に閲覧できるので，特定電気通信役務提供者の損害賠償責任の制限及び発信者情報の開示に関する法律（以下「法」という。）第2条第1号の「不特定の者によって受信されることを目的とする電気通信…の送信」に該当する。

　　それゆえ，本件画像が保存されているサーバは「特定電気通信の用
に供される電気通信設備」にあたる。

　　そして，債務者は，上記特定電気通信設備を用いて本件画像に係る
通信を媒介し，または，特定電気通信設備をこれら他人の通信の用に
供する者であるから，同条第3号の「特定電気通信役務提供者」に該
当，かつ，法第4条第1項の「特定電気通信の用に供される特定電気
通信設備を用いる特定電気通信役務提供者」（以下「開示関係役務提
供者」という。）に該当する。

（2）発信者情報開示請求権の存在

ア　法第4条第1項は，「特定電気通信による情報の流通によって自
　　己の権利を侵害されたとする者」が，開示関係役務提供者に対し，
　　発信者情報開示をするための要件として，①「侵害情報の流通に
　　よって当該開示の請求をする者の権利が侵害されたことが明らかで
　　あるとき」（以下「権利侵害の明白性」という。同項第1号），②
　　「当該発信者情報が当該開示の請求をする者の損害賠償請求権の行
　　使のために必要である場合その他発信者情報の開示を受けるべき正
　　当な理由があるとき」（以下「正当理由」という。同項第2号）を
　　要求している。

イ　権利侵害の明白性について（①）

　　権利侵害の明白性とは，権利侵害の事実のみならず違法性阻却事
　　由の存在を窺わせるような事情が存しないこと（ただし真実相当性
　　については除く。）を指す。そして，上記1（2）のとおり，本件
　　画像の投稿は，債権者の著作権を侵害することは明らかである。

　　また，債権者は，債務者又は氏名不詳者に対して，本件画像に係
　　る複製及び公衆送信について許諾したことはなく，また，その他の
　　違法性阻却事由も存在しない。

　　以上からすれば，債権者が，本件画像に係る著作権の侵害を受け

ていることは明白であって,権利侵害の明白性の要件を満たす（①）。

ウ　開示を受けるべき正当な理由（②）

　　債権者は，氏名不詳者（本件画像の発信者及び／又は本件元サイトの運営者）に対して，不法行為に基づく損害賠償等の請求をする予定であるが，この権利を行使するためには，債務者が保有する別紙発信者情報目録記載の情報の開示を受ける必要がある。

エ　小括

　　よって，債権者は債務者に対し，法第4条第1項に基づく別紙投稿記事目録記載の投稿画像についての発信者情報の開示請求権を有するものである。

第3　保全の必要性

1　発信者情報の早期開示の必要性

（1）債務者の保有する情報

　　債務者は，アクセスログとして，別紙発信者情報目録記載のIPアドレスとタイムスタンプの記録を保有している。

（2）侵害者の特定方法

　　債権者が氏名不詳者に対し損害賠償を請求するには，債務者からIPアドレスとタイムスタンプの開示を求め，当該IPアドレスを保有する経由プロバイダに対し，動的IPアドレスの割当先である契約者について氏名及び住所の開示を求める必要がある。

（3）アクセスログが削除されるおそれ

　　ところが，経由プロバイダのアクセスログについては，保存義務を定めた規定がなく，無期限に保存されているわけではない。

（4）損害賠償請求の機会の確保

　　そうだとすれば，債権者が債務者に対しIPアドレス開示の本案訴訟を提起しても請求が認容された時点では，経由プロバイダのアクセス

　　ログは削除されている可能性が高い。

　　そうなれば債権者は，氏名不詳者に対する損害賠償等の請求の機会
や，今後投稿しないことの誓約等を確保する機会を失ってしまう。

２　削除されない場合の被害拡大の危険

　本件Webサイトは，インターネット上に公開されており，時間の経過
により無断使用の機会が増えるため，本件画像を放置すると，著作権侵害
のおそれが拡大する。

３　小括

　したがって，債権者は債務者に対し，損害賠償請求が行使できなくなる
事態を防ぐため，発信者情報の開示を仮に求めておく必要があり，また，
更なる著作権侵害の機会を減らすため，本件画像の削除を仮に求めておく
必要がある。

以上

疎明方法
疎明資料説明書のとおり

添付資料

1．疎甲号証の写し		各1通
2．疎明資料説明書		1通
3．カリフォルニア州務長官情報報告書		1通
4．管轄上申書		1通
5．委任状		1通

当事者目録

〒○○○-○○○○　○○県○○市○○区○丁目○番○号
　　　　　　　　債　権　者　○　○　○　○

〒○○○-○○○○　東京都○○区○丁目○番○号○○ビル○階
　　　　　　　　○○法律事務所（送達場所）
　　　　　　　　　　　　電　話：03-○○○○-○○○○
　　　　　　　　　　　　ＦＡＸ：03-○○○○-○○○○
　　　　　　　　債権者代理人弁護士　○　○　○　○

アメリカ合衆国　94107
　　　カリフォルニア州　サンフランシスコ　タウンセンド　101
　　　（101 TOWNSEND, SAN FRANCISCO, CA 94107 U.S.A）
　　　　　　　　債　務　者　クラウドフレア・インク
　　　　　　　　　　　　　　（CLOUDFLARE, INC.）
　　　　　　　　上記債務者代表者　マシュー　プリンス
　　　　　　　　最高経営責任者　（MATTHEW PRINCE）

発信者情報目録

1　別紙投稿記事目録記載の投稿画像を蔵置したホスティングサーバのIPアドレス（最終ログイン時のIPアドレスも含む）
2　別紙投稿記事目録記載の投稿画像を投稿した者の使用するアカウントにログインした際のIPアドレスのうち，本決定が債務者に送達された日から遡って3か月以内の債務者の保有するものすべて

3　前各項のIPアドレスが割り当てられた電気通信設備から，債務者の用
　いる特定電気通信設備に前項の記事が送信された年月日及び時刻

投稿記事目録

閲覧用URL	https://○○○○
タイトル	○○○○
投稿内容	○○○○
投稿画像	○○○○

著作物目録

〈省　略〉

2 管轄上申書

投稿画像削除及び発信者情報開示請求仮処分命令申立事件
債権者　　○　　○　　○　　○
債務者　　クラウドフレア・インク

管　轄　上　申　書

令和○年○月○日

東京地方裁判所　民事部　御中

債権者代理人弁護士　　○　　○　　○　　○

　頭書事件につき，御庁が管轄権を有することについて，下記のとおり，上申いたします。

記

第1　発信者情報開示請求権について

　1　国際裁判管轄について

　　　債務者は，外国の法人であるところ，現実に日本においてデータセンターを置き（添付資料1），また，日本語でサービスを提供しています（添付資料2）。

　　　よって，債務者のサービスによって権利を侵害されたことを理由にする本件申立ての本案訴訟は，「日本において事業を行う者」に対する「日本における業務に関する」訴え（民事訴訟法第3条の3第5号）に該当するといえるので，本件申立ても民事保全法第11条により国際裁判管轄が認められると考えられる。

　2　国内管轄について

　　　債務者については，日本国内にデータセンター及び電話番号を設け

ている以上に，日本国内に主たる事務所及び営業所がなく，日本における代表者その他の主たる業務担当者は存在していないことから（添付資料3），「日本の裁判所が管轄権を有する訴えについて，この法律の他の規定又は他の法令の規定により管轄裁判所が定まらないとき」（民事訴訟法第10条の2）に該当するので，本件申立ての本案訴訟は，民事訴訟法第10条の2，民事訴訟規則第6条の2により，東京都千代田区を管轄する裁判所である東京地方裁判所に認められる。

　したがって，本件申立てでは，「本案の管轄裁判所」である御庁（東京地方裁判所）に管轄が認められる（民事保全法第12条第1項）。

第2　削除請求権について
　1　国際裁判管轄について
　　本件は，「不法行為に関する訴え」（民事訴訟法第3条の3第8号）に該当すると考えられ，不法行為があった地が日本国内にあることから，本件申立ての本案訴訟は日本国内に管轄があるため（民事訴訟法第3条の3第8号），本件申立ても民事保全法第11条により国際裁判管轄が認められると考えられる。
　2　国内管轄について
　　本件は，民事訴訟法第5条第9号の「不法行為に関する訴え」に該当すると解され，本件の本案訴訟は，不法行為があった地を管轄する地方裁判所に管轄が認められる。不法行為があった地とは，不法行為の実行行為が行われた土地と損害の発生した土地の両方を含むと解されているが，ウェブサイト上に記事を投稿することによる不法行為においては，少なくとも債権者の住所地について損害の発生した土地と考えられる。

　　したがって，本件申立てでは，「本案の管轄裁判所」である御庁（東京地方裁判所）に管轄が認められる（民事保全法第12条第1項）。

```
┌─────────────────────────────────────────────────────────┐
│                    添付資料                              │
│  1. 債務者Webサイトのデータセンターに関するページ        │
│  2. 債務者Webサイトのトップページ                        │
│  3. 債務者Webサイトの所在地に関するページ                │
│                                                  以上    │
└─────────────────────────────────────────────────────────┘
```

第5 弁護士会照会

1 コンテンツプロバイダ

```
┌─────────────────────────────────────────────────────────┐
│ 照会の理由                                               │
│ 受任事件  依頼者名  ○○○○                              │
│           相手方名  氏名不詳者                           │
│           事件名    発信者情報開示請求事件及び損害賠償請 │
│                     求事件（準備中）                     │
│                                                          │
│ 1  受任事件の概要                                        │
│   照会先である株式会社△△が運営するWebサイト上におい    │
│ て，別紙投稿記事目録記載の投稿（以下「本件投稿」という。）│
│ がなされた（添付資料1）。                                │
│   本件投稿は，「・・・・・・・・」と記載し，依頼者が詐欺 │
│ 行為をしているとの事実を摘示する。                       │
│   かかる事実の摘示は，一般の閲覧者をして，依頼者が顧客を │
│ 欺罔し，金銭をだまし取る事業を行う会社であるとの印象を与 │
│ えるものであり，依頼者の社会的評価を低下させるものである │
│ 可能性が高いものと思料する。したがって，依頼者としては， │
│ 本件投稿は依頼者の名誉権を侵害するものと思料する。       │
└─────────────────────────────────────────────────────────┘
```

2　受任事件の立証事項と照会事項との関連

　依頼者は，今後アクセスプロバイダに対して名誉権侵害を理由に発信者情報開示請求訴訟の提起を予定しているところ，アクセスプロバイダを特定し，かつアクセスプロバイダをして発信者を特定せしめるためには，株式会社△△が保有する本件投稿に係るIPアドレス並びに本件投稿が送信された年月日及び時刻が必要となる。そして，依頼者は，当該発信者に対して，損害賠償請求訴訟を提起する予定であり，照会事項は当該発信者に対する訴訟提起にも必要となる。

3　照会をする必要性及び具体性

　上記のとおり，アクセスプロバイダを特定し，かつアクセスプロバイダをして発信者を特定せしめるためには，株式会社△△が保有する本件投稿に係るIPアドレス並びに本件投稿が送信された年月日及び時刻の開示を受けることが必要不可欠であり，同社から情報提供を受ける以外，照会事項に係る情報を得る術はもはや存在しない。

照会事項

（1）別紙投稿記事目録記載の投稿記事に係るIPアドレス

（2）別紙投稿記事目録記載の投稿記事が送信された年月日及び時刻

2 電気通信事業者

照会の理由

受任事件　依頼者名　○○○○

　　　　　相手方名　氏名不詳者

　　　　　事件名　　損害賠償請求事件（準備中）

1 受任事件の概要

　依頼者が作成した著作物であるイラストを自身の運営するホームページに掲載していたところ（添付資料1），相手方が運営していると思われるホームページに依頼者に無断で依頼者の著作物が掲載されていた（添付資料2）。

　そのため，相手方は依頼者の著作権を侵害するものと思料する。

2 受任事件の立証事項と照会事項との関連

　依頼者は，当該著作物を無断で使用していたと思われる相手方に対して損害賠償請求を行うことを予定しているが，当該ホームページ上には，連絡先として電話番号「0△△－△△△－△△△△」の記載はあるものの（添付資料3），氏名や住所の記載がない。

　そのため，相手方に損害賠償請求訴訟を提起する上で，当該ホームページ上に掲載された電話番号の契約者の氏名，住所の情報が必要である。

3 照会をする必要性及び具体性

　上記のとおり，相手方に損害賠償請求訴訟を提起する上では，相手方の氏名や住所を特定する必要があり，当該ホームページ上に掲載された電話番号を利用している者の氏名，住所の開示を受けることが必要不可欠である。

照会事項

番号「0△△－△△△－△△△△」の電話について，以下の事項をご回答ください[21]。

（1）契約者名

（2）契約者住所

（3）請求書又は領収書の送付先の氏名及び住所

（4）契約年月日

（5）設置場所

（6）設置年月日

（7）番号ポータビリティの場合は事業者名

（8）解約の場合は解約年月日と最終契約者の照会事項

21　固定電話の契約者に関する照会を想定している。

3　広告代理店

照会の理由

受任事件　依頼者名　○○○○

　　　　　相手方名　氏名不詳者

　　　　　事件名　　損害賠償請求事件（準備中）

1　受任事件の概要

　依頼者は，△△という名称で漫画家として活動している。依頼者は，「・・・・」というタイトルの漫画を作成し，出版社を通じて販売していたところ，「☆☆」というサイト（以下「本件サイト」という。）において，依頼者の漫画が無断で転載されていた（添付資料１）。そのため，依頼者の漫画を無断で転載している本件サイトの運営者に対して著作権侵害に基づく損害賠償請求訴訟を提起する予定である。

2　受任事件の立証事項と照会事項との関連

　依頼者は，本件サイトの運営者に対する損害賠償請求訴訟の提起を予定しているが，本件サイト上からは運営者が明らかではない。本件サイトには，「・・・・」という広告タグが設置されており（添付資料２），当該広告タグは照会先が提供している。照会先は広告タグを設置する上で本件サイトの運営者に関する情報を把握している可能性が高く，本件サイトの運営者の情報は，依頼者が損害賠償請求訴訟を提起する上で必要となる情報である。また，依頼者が相手方に対して差押をするために，本件サイトの運営者の銀行口座等の情報が必要となる。

3　照会をする必要性及び具体性

　上記のとおり，本件サイトの運営者を特定するためには，照会先が保有している，本件サイトの運営者に関する情報の開示を受けることが必要不

可欠であり，同社から情報提供を受ける以外，照会事項に係る情報を得る術はもはや存在しない。

照会事項

　インターネット上のWebサイト（以下「本件サイト」といいます。サイト名：☆☆，URL：https://・・・，ドメイン名：・・・）に関し次の情報をご開示ください。

（1）本件サイトが貴社を利用して広告を掲載したことの有無

（2）本件サイトが広告を掲載したことがある場合は以下の事項

　　ア　広告掲載を申し込んだ者の氏名，住所，電話番号，メールアドレス

　　イ　上記アとは別に本件サイトの運営者として登録されている者がいればその者の氏名，住所，電話番号，メールアドレス

　　ウ　広告掲載料の支払方法

　　エ　広告掲載料を銀行口座に振り込んでいる場合は，振込先の金融機関名，支店名，口座番号，口座名義

4　インターネットカフェ

照会の理由

受任事件　依頼者名　〇〇〇〇

　　　　　相手方名　氏名不詳者

　　　　　事件名　　損害賠償請求事件（準備中），刑事告訴事件（準備

　　　　　　　　　　中）

1　受任事件の概要

　依頼者は，小売業を営む株式会社である。相手方は，インターネット上の掲示板である△△の「…………について語る」というスレッドにおいて，依頼者の社会的評価を低下させ，かつ真実に反する内容の投稿（以下「本件投稿」という。）を行った（添付資料1）。相手方の行為は，依頼者の名誉権を侵害するものである。

　そこで，依頼者は，相手方に対する損害賠償請求を行うために，△△の運営会社である□□株式会社を相手方として本件投稿の発信者情報開示仮処分命令申立事件を提起し，仮処分決定が出たため，□□株式会社から本件投稿の発信者情報としてIPアドレス（☆☆☆.☆☆☆.☆.☆☆☆）と投稿日時（2020年3月14日15時47分00秒）の情報の開示を受けた。

　そして，当該IPアドレスを割り当てられていたアクセスプロバイダに対して本件投稿の発信者情報の開示請求をしたところ，照会先が本件投稿の発信者であること，及び，照会先から当該IPアドレスは「◇◇店」の利用客が使用していたものであるとの情報の開示を受けた。

2　受任事件の立証事項と照会事項との関連

　依頼者は，今後，相手方に対する不法行為に基づく損害賠償請求訴訟の提起，及び刑事告訴を予定しているところ，相手方の特定には，照会先が保有している，本件投稿の日時に照会先の「◇◇店」を利用していた客に

関する情報が必要となる。

　3　照会をする必要性及び具体性
　上記のとおり，上記名誉権侵害の相手方を特定するためには，照会先が保有している，本件投稿の日時に照会先の「◇◇店」を利用していた客に関する情報の開示を受けることが必要不可欠であり，同社から情報提供を受ける以外，照会事項に係る情報を得る術はもはや存在しない。

照会事項
　貴社の運営する「◇◇店（住所：東京都港区・・・）」において，2020年3月14日15時47分00秒に入店していた全ての利用客のうち，IPアドレス：☆☆☆.☆☆☆.☆.☆☆☆を利用していた又は利用していた可能性のある利用客に関する次の情報をご開示ください。

（1）氏名

（2）住所

（3）電話番号

（4）メールアドレス

（5）生年月日

補　章　　用語集

124

CDN
（本文32〜33頁，86〜87頁，91〜93頁，96頁，104頁）

Content Delivery Networkの略。頻繁に利用されるデータのコピーファイル（キャッシュファイル）を多数のサーバに配置しユーザーに近いサーバから配信することなどにより，コンテンツを効率よく配信するための仕組みをいう。

ICANN
（本文11頁，101頁）

Internet Corporation for Assigned Names and Numbers の略。1998年10月，ドメイン名，IPアドレスなどのインターネット基盤資源を，世界規模で管理・調整するために設立された非営利公益法人である。主な業務は，①ドメイン名，IPアドレス，プロトコル・ポート番号，ルート・サーバなどインターネットの基盤資源の世界規模での調整，②DNSルート名サーバ・システムの運用・展開の調整，③これらの技術的業務に関連する方針策定の調整，である。

DNS
（本文12頁，14頁，30頁）

Domain Name Systemの略。ドメイン名とIPアドレスの対応などを得るための仕組み。

IPアドレス
（本文2〜12頁）

コンピュータをネットワークで接続するために，それぞれのコンピュータに割り振られた一意の数字の組み合わせのこと。IPアドレスは，127.0.0.1のように0〜255までの数字を4つ組み合わせたもので，単にアドレスと略されることがある。現在主に使用されているこれらの4つの数字の組み合わせによるアドレス体系は，IPv4（アイ・ピー・ブイフォー）と呼ばれている。また，今後IoTにより情報家電などで大量にIPアドレスが消費される時代に備えて，次期

規格として，IPv6（アイ・ピー・ブイシックス）と呼ばれるアドレス体系への移行が進められている。

MVNO
（本文79～80頁）

　Mobile Virtual Network Operatorの略。MNO（Mobile Network Operator。電気通信役務としての移動通信サービスを提供する電気通信事業を営む者であって，当該移動通信サービスに係る無線局を自ら開設または運用している者）の提供する移動通信サービスを利用して，またはMNOと接続して，移動通信サービスを提供する電気通信事業者であって，当該移動通信サービスに係る無線局を自ら開設しておらず，かつ，運用をしていない者。例えば，NTTドコモ，KDDI，ソフトバンクから通信設備を借りている事業者をいう。

Tor
（本文7～10頁）

　The Onion Routerの略。発信元を隠す匿名化技術。Torは，無作為に選ばれた複数の中継システム（ノード）を経由してあて先との通信を行う。中継ノード上にログを残す機能がなく，出口以外の通信路が暗号化される，一定時間ごとに通信経路も変更されるなどの特徴があり，発信者の特定は困難となる。

Whois
（本文12～16頁，18～20頁）

　レジストリ（ドメイン名を管理する団体）が管理するインターネット資源の登録情報を提供するサービス。IPアドレスやドメイン名の利用者を検索するときに使う。このサービスの目的は，ネットワークの安定的運用を実施する上で，技術的な問題発生の際の連絡のために必要な情報を提供すること，ドメイン名の申請・届出時に，同一ドメイン名や類似ドメイン名の存在を確認するために必要な情報を提供すること，ドメイン名と商標などに関するトラブルの自律的

126

な解決のために必要な情報を提供することが挙げられる。

アクセスプロバイダ
（本文2〜5頁，66〜67頁，69頁，71頁，73〜76頁）

　インターネットサービスプロバイダ（Internet Services Provider，略してISP）ともいう。インターネットへの接続サービスを提供する企業あるいは団体のことを指し，単に「プロバイダ」と呼ばれることもある。

海賊版サイト
（本文86〜92頁，94〜96頁，98頁，101頁）

　マンガやアニメなどのコンテンツが権利者の承諾なく違法にアップロードされているサイトのこと。

　多くのインターネットユーザーが海賊版サイトを利用したため，順調に拡大しつつあった電子コミック市場の売上が激減するなど，著作権者，著作隣接権者または出版権者の権利が著しく損なわれる事態となった。

逆引き
（本文14頁，29頁，99頁）

　DNSを用いて，IPアドレスに対応するドメイン名を調べること。例えば，「192.0.2.1」というIPアドレスに対応する「mail.example.jp」というメールサーバのドメイン名をDNSによって調べることを「192.0.2.1を逆引きする」という。

キャッシュ
（本文32〜35頁，38頁，87頁，105〜106頁，124頁）

　利用頻度の高いデータを，すぐに利用できる形式で一時的に保存しておくこと。この一時的に保存されたデータをキャッシュファイル，CDNにおいてキャッシュファイルを蔵置するサーバのことをキャッシュサーバという。

コンテンツプロバイダ
（本文62〜63頁，68〜71頁，114頁）

　コンテンツとは，「内容」や「中身」を表す言葉である。インターネットでは，ホームページ上の情報や，小説や映画，テレビ番組，音楽などを電子化したデータについてもコンテンツと呼ぶ。

　コンテンツプロバイダとは，これらのコンテンツを提供する業者のことである。

ステマ
（本文95〜97頁）

　ステルスマーケティングの略。消費者に気づかれずに宣伝広告行為を行うこと。芸能人などの影響力を持つ者が，広告事業者から報酬を得ていることを明示せず，あるいは広告事業者関係者が消費者を装い，商品・サービスを高評価する方法がとられている。ライバル会社の商品について批判的なレビューを書き込む行為や，店が人を雇って行列を作らせるなどいわゆる「サクラ」もステマの一種。

正引き
（本文6頁，14頁，33頁，99頁）

　DNSを用いて，ドメイン名に対応するIPアドレスやメールサーバ名などを問い合わせること。例えば，「mail.example.jp」というドメイン名をDNSで検索することで，「192.0.2.1」というメールサーバのIPアドレスを得ることを正引きという。

ソースコード
（本文76〜78頁）

　CPU（Central Processing Unit）が直接実行できる機械語などに変換する前の，プログラミング言語で記述した状態のプログラム。ソフトウェアの設計図に該

当するもの。ソースプログラムとも呼ばれる。

ドメイン
（本文11〜12頁，14〜16頁，18〜19頁，21頁，26頁，29頁）

　インターネット上で接続しているネットワークに設定される名前のこと。本来ドメインは，IPアドレスという数字の範囲によって管理されているが，IPアドレスは人間にとって判別が困難であるため，"ykm-law.jp"のようにドメイン名で記述できるようになっている。ユーザーは，このドメイン名をPCなどから入力し，DNSサーバにより，IPアドレスに変換することによって，インターネット上での通信が可能となる。

フィッシングサイト
（本文16頁，29〜30頁，97〜98頁，100頁）

　金融機関や企業名を不正に名乗り，正規のWebサイトであるように装ってアクセスした人に安心感を抱かせ，クレジットカードの情報や個人情報を入力させようとするためのWebサイト。接続先の偽のWebサイトを本物のWebサイトとほとんど区別がつかないように偽造するなど手口が巧妙なものもある。

ブラウザ
（本文7〜12頁，30頁，39頁，40頁，77〜78頁）

　ホームページを閲覧するためのソフトウェア。代表的なソフトとして，Internet ExplorerやGoogle Chromeがある。

ホスティング
（本文5〜6頁，30〜31頁，33頁，68頁，74頁，90〜91頁，96頁，105頁，110頁）

　高付加価値サービス，ネットワークサービス，ハードウェア提供サービスなどのこと。

　ホスティング会社の所有するサーバの一部あるいは全部の領域を貸し出し，

インターネットを利用してWeb閲覧やメール送受信を可能にするサービスの利用に多く使われる。日本では，レンタルサーバサービスとも呼ばれることも多い。

【編者紹介】

八雲法律事務所

インターネット法務に特化した法律事務所。サイバーセキュリティ，インターネット上の権利侵害対応，システム紛争，スタートアップ法務を専門に扱う。

【執筆者紹介】

山岡　裕明（やまおか　ひろあき）

八雲法律事務所代表弁護士。2010年弁護士登録（63期）。
東京大学法学部卒業，中央大学法科大学院修了。
登録情報セキュリティスペシャリスト。
カリフォルニア大学バークレー校客員研究員。
内閣サイバーセキュリティセンター・サイバーセキュリティ関係法令の調査検討などを目的としたタスクフォース構成員。

杉本　賢太（すぎもと　けんた）

八雲法律事務所弁護士。2012年弁護士登録（65期）。
東京大学法学部卒業，中央大学法科大学院修了。
税務大学校非常勤講師。

千葉　哲也（ちば　てつや）

八雲法律事務所弁護士。2014年弁護士登録（67期）。
一橋大学法学部卒業，中央大学法科大学院修了。

インターネット権利侵害者の調査マニュアル
　　——SNS投稿者から海賊版サイト管理者の特定まで

2020年7月20日　　第1版第1刷発行
2020年11月30日　　第1版第2刷発行

編　者　八雲法律事務所
発行者　山　本　　　継
発行所　㈱中央経済社
発売元　㈱中央経済グループ
　　　　　パブリッシング

〒101-0051　東京都千代田区神田神保町1-31-2
電話　03 (3293) 3371(編集代表)
　　　03 (3293) 3381(営業代表)
http://www.chuokeizai.co.jp/
印刷／㈱堀内印刷所
製本／㈲井上製本所

© 2020
Printed in Japan

＊頁の「欠落」や「順序違い」などがありましたらお取り替えいた
しますので発売元までご送付ください。(送料小社負担)
ISBN978-4-502-35371-0　C3032

インターネットにおける

誹謗中傷法的対策マニュアル
（第3版）

中澤 佑一 ［著］　Ａ５判／338頁

　インターネット上での誹謗中傷・権利侵害などのトラブルを解消する法的な手法を詳しく解説する。最新の判例や実務上の変更点，サービスごと傾向などをフォローし改訂。

本書の内容

中央経済社